课里课外新阅读

荡涤心灵的
Yuwen Gushi
语文故事

田 竞◎编

吉林出版集团股份有限公司

图书在版编目（CIP）数据

荡涤心灵的语文故事/田竞编. —长春：吉林出版集团股份有限公司，2012.6（2021.6重印）
（课里课外新阅读）
ISBN 978-7-5463-8072-8

Ⅰ.①荡… Ⅱ.①田… Ⅲ.①汉语—青年读物②汉语—少年读物 Ⅳ.①H1-49

中国版本图书馆 CIP 数据核字（2012）第 091857 号

课里课外新阅读
荡涤心灵的语文故事
Dangdi Xinling de Yuwen Gushi

出版策划：孙　昶
选题策划：郝秋月
责任编辑：于媛媛
责任校对：范　迪
装帧设计：李　婷
图文排版：胡颖颖　靖凤彩　高　云
出　　版：吉林出版集团股份有限公司
　　　　　（长春市福祉大路 5788 号，邮政编码：130118）
发　　行：吉林出版集团译文图书经营有限公司
　　　　　（http://shop34896900.taobao.com）
电　　话：总编办 0431-81629909　营销部 0431-81629881
印　　刷：三河市燕春印务有限公司
开　　本：787mm×1092mm　1/16
印　　张：10.25
字　　数：160 千字
版　　次：2012 年 6 月第 1 版
印　　次：2021 年 6 月第 5 次印刷
书　　号：ISBN 978-7-5463-8072-8
定　　价：38.00 元

版权所有　侵权必究
印装错误请与承印厂联系　电话 15350686777

前言
FOREWORD

　　语文是一门重要的人文社会学科，是人们交流思想的工具，同时又是文化艺术，也是用来积累和开拓精神财富的一门学问。在某种程度上，语文又被称为文学，它包括戏剧、诗歌、小说、散文等各种表现形式。文学既可以揭示生活的本质，又可以体现人们的喜怒哀乐。毋庸置疑，文学家是伟大的，他们带给人类的财富难以估量。

　　尝尽人生酸甜苦辣的莎士比亚，把一生都献给了充满魅力的戏剧艺术；而巴尔扎克毕生都在债权人的追逐下生活，却写出了法国19世纪最伟大的作品；安徒生受尽艰难困苦，却不屈不挠、奋斗不止，成为全世界儿童最喜爱的童话作家……

　　本书在尊重历史的基础上，向读者讲述了七十多位文学家鲜为人知的创作故事，其中以西方文学家为主，揭示了他们的精神历程。希望读者从每个故事的叙述中，能清晰地看到他们的成功轨迹，了解他们成功背后的真实故事，给自己以深刻的启迪和感悟。

目 录
CONTENTS

第一章　古希腊文学
古希腊文学的最高成就荷马史诗 /8
悲剧之父埃斯库罗斯 /10
最早的寓言故事集《伊索寓言》/12

第二章　文艺复兴时期的人文主义文学
中世纪的最后一位诗人但丁 /16
意大利文艺复兴的杰出代表薄伽丘 /18
伟大的笑匠拉伯雷 /20
西班牙最伟大的作家塞万提斯 /22
戏剧之王莎士比亚 /24

第三章　从古典主义文学到启蒙文学
英国伟大的诗人弥尔顿 /28
法兰西精神的象征莫里哀 /30
小说之父笛福 /32
世界讽刺文学的典范《格列佛游记》/34

法兰西最优秀的诗人伏尔泰 /36
启蒙运动的卓越代表卢梭 /38
法国戏剧作家博马舍 /40
德国戏剧家莱辛 /42
德国最伟大的诗人歌德 /44
德国启蒙文学的代表人物之一席勒 /46

第四章　从浪漫主义文学到现实主义文学
世界儿童文学的珍宝《格林童话》/50
伟大的时代歌手海涅 /52
法国现实主义文学奠基人司汤达 /54
天才诗人拜伦 /56
英国浪漫主义诗人雪莱 /58
法国大文豪雨果 /60
法国浪漫主义诗人缪塞 /62
天才小说家大仲马 /64
现实主义剧作先驱小仲马 /66
充满传奇色彩的女作家乔治·桑 /68
俄罗斯文学之父普希金 /70
法国批判现实主义文学奠基人巴尔扎克 /72
法国中篇小说大师梅里美 /74
现代主义文学鼻祖福楼拜 /76

《国际歌》的词作者**鲍狄埃** /78
英国文坛的杰出小说家**狄更斯** /80
萨克雷的成名作《**名利场**》/82
英国文坛的奇迹**勃朗特三姐妹** /84
横跨两个世纪的作家**哈代** /86
科幻小说之父**凡尔纳** /88
丹麦童话大师**安徒生** /90
讽刺文学的开拓者**果戈理** /92
俄国现实主义艺术大师**屠格涅夫** /94
俄国文学的卓越代笔**陀思妥耶夫斯基** /96
俄国革命的一面镜子**托尔斯泰** /98
短篇小说巨匠**契诃夫** /100
妇女意识的觉醒《**玩偶之家**》/102
黑色幽默之父**马克·吐温** /104
美国现代短篇小说之父**欧·亨利** /106
美国现实主义作家**杰克·伦敦** /108

第五章　自然主义和其他文学流派

短篇小说之王**莫泊桑** /112
苏联无产阶级作家**高尔基** /114
令人惊奇的佳作《**静静的顿河**》/116
人生的路标《**钢铁是怎样炼成的**》/118
文坛硬汉**海明威** /120
魔幻现实主义大师**马尔克斯** /122

第六章　东方文学

最早的史诗《**吉尔伽美什**》/126
最长的史诗《**摩诃婆罗多**》/128

梵文剧作家**迦梨陀娑** /130
日本文学的高峰《**源氏物语**》/132
阿拉伯文学的丰碑《**一千零一夜**》/134
诗神**泰戈尔** /136
日本小说家**川端康成** /138
伟大的爱国诗人**屈原** /140
我国第一部纪传体通史《**史记**》/142
诗仙**李白** /144
诗圣**杜甫** /146
古文运动的倡导者**韩愈** /148
忧国忧民的文学家**范仲淹** /150
诗文革新运动的领导者**欧阳修** /152
文学天才**苏轼** /154
一代才女**李清照** /156
中国戏剧的奠基人**关汉卿** /158
中国古典文学的巅峰之作《**红楼梦**》/160

附录　大事年表

第一章 *Di-yi Zhang*

古希腊文学
Gu Xila Wenxue

古希腊文学是欧洲文学的源头之一。古希腊人特定的生存环境和生活方式造就了他们自由奔放、富有想象力、充满原始情欲、崇尚智慧和力量的民族性格,也培养了他们注重个人地位和尊严,追求个人幸福和生命价值的文化价值观念。

古希腊文学的最高成就 荷马史诗

荷马史诗是欧洲文学史上最早的优秀文学巨著，也是一部英雄与美丽女神的神话传说。它那独特精湛的艺术特色，对后世欧洲文学和世界文学的发展产生了深远的影响。

公元前9世纪，一位孤独的老人衣衫褴褛，背着七弦竖琴，四处漂泊，在竖琴的伴奏下开怀吟唱，内容是流传了几个世纪的关于英雄事迹的神话故事。歌声时而高亢激昂，时而低沉委婉，时而略带悲伤，句句感人肺腑，情节引人入胜，所到之处，都会引来许多听众。老人将这些美丽的神话故事整理成两部不朽的史诗——《伊利亚特》和《奥德赛》。

老人去世后，这些美丽的故事被听者们继续传唱，并流传下来。公元前8世纪，经过后人的加工，逐渐定型成为一部宏大的战争传说。诗篇以老人的名字命名，被称为荷马史诗。老人生前穷困潦倒，而他死后，却有九座城市争着做他的诞生地。正如诗中所说："九城争夺盲荷马，生前乞讨长飘零。"

↑《特洛伊木马计》是荷马史诗里的一个故事，讲述了希腊人久久不能攻破特洛伊城，睿智的奥德修斯想出一个妙计，让士兵藏在一个巨大的中空木马里混进特洛伊城，里应外合攻下特洛伊城。

公元前 12 世纪，充满活力的氏族组织在希腊社会制度中逐渐瓦解，《伊利亚特》和《奥德赛》正是这一时期希腊人由野蛮时代进入文明时代的社会缩影。

《伊利亚特》描述了一场轰轰烈烈的战争中最悲壮的一页：特洛伊王子帕里斯拐走了希腊斯巴达国国王的妻子海伦，导致双方酣战 10 年，天上诸神各助一方。希腊统帅阿伽门农和阿凯亚部族中最勇猛的首领阿喀琉斯为争夺女奴发生争端，史诗就从这里开始。阿喀琉斯愤而退出战斗，致使希腊军屡屡失利，特洛伊主将赫克托耳乘机率军大举进攻，战斗中杀死了阿喀琉斯的朋友帕特洛克罗斯。后来，奥德修斯设计制造了一个巨大的中空木马，内藏希腊士兵，诱使敌人拖入特洛伊城内，里应外合攻下特洛伊城。阿喀琉斯抛弃私怨，重上战场，杀死了赫克托耳。全诗在希腊人和特洛伊人先后为帕特洛克罗斯和赫克托耳举行的葬礼中结束。这部史诗展示了战争的暴烈，和平的可贵；描述了英雄的业绩，征战的艰难；塑造了一系列古代英雄形象。主人公阿喀琉斯威猛、勇武，在古希腊人的眼里，他是生动的、具体的、真实的伟大英雄的典型。

《奥德赛》则叙写了希腊联军将领、伊大卡国国王奥德修斯在特洛伊战争结束之后，班师回国的故事。

这两部史诗堪称古代希腊的一部社会史和风俗史，具有很高的价值。它不但是古代人民的生活百科全书，也是欧洲史诗的典范。

↑ 古希腊盲诗人荷马

学海拾贝

荷马史诗是早期英雄时代的大幅全景，也是艺术上的绝妙之作。它以整个希腊及四周的汪洋大海为主要情节的背景，展现了自由主义的自由情景，并为日后希腊人及整个西方社会的道德观念立下了典范。

悲剧之父 埃斯库罗斯

埃斯库罗斯是公元前6世纪的古希腊悲剧诗人,他与索福克勒斯和欧里庇得斯一起被称为古希腊最伟大的悲剧作家。埃斯库罗斯的创作属于希腊悲剧早期发展阶段,因此被誉为希腊悲剧的创始人。

古希腊悲剧起源于祭祀酒神狄奥尼索斯的庆典活动,在古希腊文学史上具有辉煌的成就,古希腊人首先理解了悲剧并把它发展到了顶峰。公元前5世纪的古希腊,人们对悲剧空前关注。悲剧比赛是每年必须举行的大型活动,观众除了贵族,还有贫民,甚至奴隶和囚犯也有权观看。为了鼓励人们观看悲剧,政府还为前来观看的贫民或者奴隶发放津贴。据说,有一次演出,观众竟然超过了3万。

↑ 埃斯库罗斯

埃斯库罗斯就是诞生在这一时期希腊阿提卡的埃琉西斯。他出生在一个贵族家庭,艺术造诣很高。一生之中,他共获得了13次雅典诗人比赛的最佳奖。公元前490年,波斯大军横渡爱琴海,在雅典郊外的马拉松平原登陆。为了拯救处境险恶的雅典,埃斯库罗斯积极参加此次战役,这一战希腊获得了胜利。后来,在萨拉米斯海战中,埃斯库罗斯和希腊同胞们一起赶走了波斯人。尽管他一生中为后人留下的最宝贵的财富是戏剧,但他却认为自己在战场中的英勇表现是戏剧的成就所不能比的。

关于他的去世,是一个很有戏剧性的传说:一天,一个术士告诉埃斯库罗斯,他会被房子砸死。于是他把床安在了郊外的旷野上,露天而睡。这天,一只老鹰抓着一只乌龟飞过这里,忽然看见一个光秃秃的脑袋，以为是一块大石头，就把"午餐"丢到埃斯库罗斯的头上，想将乌龟壳摔碎……一代悲剧大师就这样戏剧性地离开了人世。死后，他被葬在格拉。

埃斯库罗斯最为优秀的作品是《普罗米修斯》。戏剧中普罗米修斯把天上的火偷来送给人类，还把科学、艺术、医术等知识传授给人类，使人类有了知识和智慧。众神之王宙斯大为恼怒，把普罗米修斯绑在高加索的悬崖上，每天派一只鹰啄食他的肝脏，晚上又让肝脏长好，使他不断遭受难熬的痛苦。但他毫不妥协，他宣称憎恨所有的神，并预言宙斯将要被推翻。

↑ 宙斯每天派一只鹰啄食普罗米修斯的肝脏。

《普罗米修斯》情节简单，结构也不复杂，却历来被视为古典名作，其主要原因是剧中塑造了普罗米修斯这样一个光辉形象。马克思称赞普罗米修斯是"哲学的日历中最高的圣者和殉道者"。这正是古希腊悲剧的一个闪光点——古希腊悲剧凝聚了古希腊人对生命的崇拜，对生命的思考和对阻碍生命发展的力量的抗争。这部戏剧体现了早期人类的悲剧美，也为人类树立了最高最美的道德规范。直到今天，它仍是古典戏剧舞台上的演出剧目之一。

埃斯库罗斯是古希腊悲剧的真正创造者，但他却谦逊地称自己的作品为"荷马盛筵之残羹"，然而欧洲戏剧史上能真正超越埃斯库罗斯的却几乎没有一个人。

学海拾贝

埃斯库罗斯第一次把剧中的演员由一个增加到两个，加强对话部分，使演员的对话成为主体，完成了集体歌舞向戏剧的飞跃。此外，他还第一次把布景、道具、戏剧服装等用于戏剧。

11

最早的寓言故事集《伊索寓言》

《伊索寓言》是世界上最古老的寓言集，其文字凝练，故事生动，想象丰富，饱含哲理，融思想性和艺术性于一体。今天，《伊索寓言》已成为西方寓言文学的范本，也是世界上流传最广的经典作品之一。

《伊索寓言》原为古希腊民间流传的讽喻故事，经后人加工，成为现在流传的《伊索寓言》。作品时间跨度大，各篇的倾向也不完全一样，据推测，它不是一人一时之作，可以看作是古希腊人在相当长的历史时期内的集体创作。

《伊索寓言》意为"伊索的寓言集"。伊索，可能是其中的一位重要作者。《伊索寓言》中一小部分是由后人创作的，记在伊索这位大师名下。

↓委拉士开兹笔下的伊索

据说，伊索是公元前6世纪的古希腊人。童年时期，伊索是一个哑巴，只能发出奇怪的声音，用手势表达他的意思。由于他长得又矮又丑，邻居们都认为他是个疯子。但是他的母亲非常爱他，时常讲故事给他听。母亲去世后，伊索跟一位老人，远离家乡，过着漂泊的生活，他也因此知道了许多关于鸟和昆虫等动物的故事。后来，伊索被牧羊人卖了，从此成为了一个奴隶。

一天晚上，伊索梦见了幸运之神和气地向他微笑，并将手指放进他的嘴里。伊索一下子惊醒过来，这时，他意外地发现自己可以说话了。

有一天，伊索与其他奴隶将货运到一个遥远的地方，其他奴隶都挑轻的货物，伊索却在必须驮运

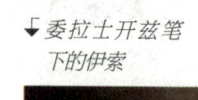

的货物中挑选了非常沉重的一大筐面包。同伴都嘲笑他的愚笨，然而，一路上，当大家饥饿难当，都没有东西可吃时，他运的面包却成了大家的食物，救了大家，大家都很感激他。

当时，奴隶主贵族作威作福，为非作歹，奴隶和下层平民备受欺凌。然而他们对奴隶主贵族的专制并不是逆来顺受的，他们把寓言当做武器，与奴隶主作斗争。据说，伊索曾经机智地救过朋友和主人。他还给大家讲充满哲理的寓言故事，讥讽奴隶主贵族，令大家很快乐。大家都喜欢伊索讲故事，也都敬佩他过人的才智，后来他凭借出众的才智获得了自由。

后来伊索辗转来到了一个叫特尔菲的城邦，因为讲的寓言故事得罪了那些权贵而被抓了起来。大约在公元前560年，他被特尔菲人推下山崖摔死了。

伊索在世时，他的寓言就在平民中间以口头文学的形式广为流传了，但当时并未编成书。公元前3世纪，伊索死后的300年，一个希腊人把当时流传的两百多个寓言汇集成册，题名为《伊索故事集成》。公元前1世纪以后，有人又把韵文改为散文，并且加入印度、阿拉伯和基督教的故事，经过多次收集整理、改写增删，就成了今天我们看到的包括360篇故事的《伊索寓言》。如今，这本著作中，《农夫和蛇》《狼和小羊》《龟兔赛跑》《狐狸和葡萄》等已成为全世界家喻户晓的经典故事。

《伊索寓言》是古希腊人留给后人的一笔丰富的精神遗产。

学海拾贝

文艺复兴以后，对伊索寓言抄稿的重新整理和印刷极大地促进了欧洲寓言创作的发展，先后出现了不少出色的寓言作家，如法国的拉封丹、德国的莱辛、俄国的克雷洛夫等。

▼《农夫和蛇》故事的漫画

第二章 Di-er Zhang

文艺复兴时期的人文主义文学

Wenyi Fuxing Shiqi de Renwen Zhuyi Wenxue

文艺复兴是14世纪~16世纪初在欧洲出现的一场思想文化解放运动。它对欧洲乃至人类社会历史的发展产生了重大而深远的影响。作为文艺复兴运动的一个组成部分的人文主义文学，在这一时期欧洲文坛上占主导地位。

中世纪的最后一位诗人 但丁

伟大的意大利诗人但丁是欧洲文艺复兴时代的开拓人物之一，被恩格斯誉为"中世纪的最后一位诗人，同时也是新时代的最初一位诗人"。其长篇诗作《神曲》在艺术上取得了极高的成就，是中世纪文学哺育出的瑰宝。

但丁诞生于13世纪末意大利文艺复兴前夜的佛罗伦萨。也许历史要赋予他伟大的使命，就早早地安排他经历一生所要承受的种种磨难。

但丁5岁的时候，他的母亲就去世了。他的父亲因家道中落，长期在外经商。在不幸的童年生活中，但丁拜著名学者为师，系统地学习了拉丁文和古典文学。他喜欢读诗，尤其崇拜罗马大诗人维吉尔，将其视为自己的精神导师。

↑ 但丁

但丁有过一次刻骨铭心的爱情，在其文学创作中留下了不可磨灭的烙印。在他十多岁时，他跟随父亲参加朋友的聚会。在聚会上，他对容貌端庄、气质优雅的贝阿特丽齐一见钟情。但是，当但丁第二次见到贝阿特丽齐时，她已经遵从父命嫁给了一位伯爵。不幸的是，婚后不久，贝阿特丽齐就因病去世了。贝阿特丽齐的死带走了但丁的梦想，却把美丽和哀伤留给了他。他写下了一系列悼念诗，在诗中，贝阿特丽齐多次出现，成了他作品中一个象征性的人物。

对贝阿特丽齐去的思念和哀伤成就了后来的《新生》。诗中抒发了诗人对少女深挚的感情、纯真的爱恋和绵绵无尽的思念，风格清新自然、细腻委婉。

后来，由于受到政治迫害，但丁被终身流放。流放期间，但丁的视野从佛罗伦萨扩大到意大利各国和整个基督教世界，并且接触到了社会的各个阶层。他看到城邦之间的你争我夺和惨不忍睹的流血牺牲，开始对意大利社会的现实有了更深切的了解，逐渐将自己的命运融合于对民族前途的思考之中。1307年，他开始创作《神曲》。

↑《神曲》中的插图

《神曲》是但丁坎坷一生的思想和艺术探索的结晶，它代表了当时欧洲文学的最高成就。全诗长14 233行，由《地狱》《炼狱》和《天堂》三部分构成。内容采用中世纪流行的梦幻文学形式，但丁以自己为主人公对冥府进行了一次游历，描写了一个幻游地狱、炼狱、天堂三界的故事。

《神曲》给但丁带来了至高无上的荣誉，却没能帮助他结束流亡生活。1321年，这位伟人的诗人刚刚完成了《神曲》的创作，就客死在拉文那，结束了他探索、追求的一生。

但丁是欧洲中世纪文学与文化的集大成者，又是近代义学与文化的先驱。他的创作对欧洲文学从中世纪向表现新时代文化的方向发展起着决定性作用。在艺术上，他把抒情诗、叙事诗和哲理诗等融于一体，丰富了诗歌的表现手法，把诗歌创作推向了新的高峰。

学海拾贝

《神曲》的原名为《喜剧》。中世纪时，喜剧的意思是结局令人喜悦的故事。薄伽丘在《但丁传》中为了表示对诗人的崇敬，给这部作品冠以"神圣的"称谓，后来的版本便以《神圣的喜剧》作为书名。在我国，则将书名译为《神曲》。

意大利文艺复兴的杰出代表 薄伽丘

作为意大利文艺复兴的先驱，人们将薄伽丘与但丁、彼特拉克并称为文艺复兴时代的三大文豪。短篇小说集《十日谈》揭开了欧洲文艺复兴运动的序幕，薄伽丘也因此被公认为"欧洲短篇小说之父"。

1313 年，薄伽丘诞生在佛罗伦萨，他的父亲是一个富有的金融业商人，母亲是法国人，生下薄伽丘不久便去世了。父亲再婚后，他由继母抚养。薄伽丘从小在商人和市民的圈子中间长大，爱好文学，喜欢读书，并受到了良好的教育。

进入那不勒斯大学后，薄伽丘阅读、钻研了大量古代典籍。由于天资聪颖，他成为意大利第一个通晓希腊文的学者，对拉丁文和当时流行的俗语也掌握得炉火纯青。后来，薄伽丘参加了许多上流社会的活动和文人学者的聚会。这些社交活动，丰富了他的生活阅历，扩大了他在文化领域中的视野，进一步激发了他对古典文化和文学的兴趣，他开始摹仿文学作品进行创作。

1350 年，薄伽丘结识了文艺复兴早期杰出的人文主义诗人彼特拉克，从此两人结下深厚的友谊。

14 世纪中期，欧洲爆发了一场可怕的瘟疫，当时的欧洲人把这场瘟疫

↑ 以《十日谈》为题材的绘画

称为"黑死病",一时间人心惶惶,仿佛世界末日已经来临。教会借机要人们忏悔、祷告,用禁欲主义的说教攻击人文主义者个性解放的要求,形成了文艺复兴运动中的一次逆流。瘟疫刚刚平息,薄伽丘便迫不及待地拿起手中的武器,着手创作故事集《十日谈》,与气焰嚣张和腐败堕落的教会进行斗争。

薄伽丘写了还不到一小半时,就招来了反动派的诱劝、威胁、辱骂,他们不断地向薄伽丘围攻,要他把手中的笔停下来。他的写作也不得不多次中断。即便在这部作品完成后,封建势力也没有停止对他的迫害和打击。

《十日谈》旨在抨击禁欲主义,歌颂爱情,肯定人的自然欲望以及对现实幸福的大胆追求,给禁欲主义神学以迎头痛击,受到人们的热烈欢迎,也为薄伽丘赢得了"欧洲短篇小说之父"的不朽声名,但天主教会对其的仇视和谩骂始终都没有停止过。

↑ 薄伽丘

有一次,薄伽丘愤怒至极,竟然打算把所有的著作,包括《十日谈》全部烧毁,幸亏好友彼特拉克苦苦相劝,这些伟大的作品才得以留存至今。

1374 年,彼特拉克去世,薄伽丘失去了最好的朋友和知音,精神上遭到沉重打击。第二年,薄伽丘在贫病交加中静静地离开了这个世界。

《十日谈》是欧洲文学史上第一部现实主义小说,它嘲笑了教会的丑恶,歌颂了爱情的真诚,赞扬了人们对幸福生活的追求。从中世纪以来,欧洲文学还是第一次用现实主义的笔法,描绘了这样广阔的社会生活画面。意大利著名评论家桑克提斯曾这样评价说:"但丁结束了一个时代,薄伽丘开创了另一时代。"

学海拾贝

除了《十日谈》外,薄伽丘的作品还包括《菲洛柯洛》《菲洛斯特拉托》《苔塞伊达》《爱情的幻影》《菲埃索拉的女神》《菲洛美塔的哀歌》等,这些作品都是以爱情为主题,借鉴古希腊或古罗马的诗歌、神话、传奇,充满对人世生活和对幸福的追求。

伟大的笑匠 拉伯雷

拉伯雷是法国文艺复兴时期著名的人文主义作家。其代表作《巨人传》是法国文学史上的一座丰碑。拉伯雷多才多艺，对天文、地理、音乐、考古、教育等都有较深的研究，是世界四大文化名人之一。

↑《巨人传》中的插图，描绘的是巴汝奇在寻找神瓶过程中历尽艰险。

1532年8月的一天，在法国里昂市的一家书店里，突然出现了一本奇特的小说——《巨人传》，作者署名纳齐埃。这部小说一经上市，就被抢购一空。原来这部小说以大不敬的态度亵渎了几乎一切貌似神圣的东西，语言泼辣，讽刺大胆，一方面受到了资产阶级和社会底层人民的欢迎，但另一方面却引起了以巴黎神学院为代表的宗教势力的愤怒。这部小说问世不久就遭到查禁。这纳齐埃不是别人，正是立志于改革的人文主义作家——拉伯雷。

1493年，拉伯雷诞生在法国中部图尔省希农市的一个富有的家庭。他的父亲是当地有名的律师，社会地位显赫。拉伯雷在希农郊区的庄园里度过了无忧无虑的童年。十几岁时，拉伯雷像当时所有的富家子弟一样，被送进邻近的修道院学习拉丁文和经院哲学，被迫接受枯燥无味的宗教教育。

后来，拉伯雷进行了一次周游半个法国的旅行。途中，他考察了各地的法庭和大学教育，访问了许多名人和古迹，学习了宗教、哲学、数学、法律、考古、天文等许多知识。这次旅行使他进一步看清了法国所处的愚昧状态。

三十多岁时，拉伯雷喜欢上了医学，从此踏上了从医的道路，并获得了医学硕士和博士学位。高超的医术和渊博的知识使他形成了一种与宗教观念相悖的宇宙观。这种宇宙观只承认知识的权威，蔑视教会与一切腐败愚昧的东西。之后，他开始了《巨人传》的写作，阐述他对社会的理解。

↑ 拉伯雷

1535年，弗朗索瓦一世公开镇压新教，使文艺复兴运动受挫，拉伯雷被迫远走他乡，他的好友也因再版他遭禁的作品而被烧死。尽管身遭厄运，拉伯雷却从未屈服，直到去世前的几年，他还在孜孜不倦地创作并完善他的《巨人传》。

《巨人传》是以民间故事为题材的政治性很强的讽刺小说，它揭露了中世纪教会的黑暗和腐朽，反映了文艺复兴时期人文主义者对资产阶级的个性解放的追求。在拉伯雷的理想社会里，人性是善良的，人民是淳朴的。在小说中，作者运用夸张手法，通过人物形象的不成比例的对照，取得滑稽效果，使人开怀大笑。拉伯雷因此被誉为"伟大的笑匠"。

拉伯雷的晚年生活曾一度陷入贫困，处境艰难，他不得不身兼数职。1553年4月9日，60岁的拉伯雷在巴黎去世，临终时他笑着说："拉幕吧，戏做完了。"

学海拾贝

拉伯雷在小说中穿插了大量诸如天文、地理、气象、航海、生物、人体生理、医药、法律、哲学、语言等自然科学与社会科学的知识，显示了作家学识的渊博，更显示了作品的思想——"使人的灵魂充满真理、知识和学问。"

西班牙最伟大的作家 塞万提斯

塞万提斯被誉为"西班牙文学世界里最伟大的作家"。评论家们称他的小说《堂吉诃德》是文学史上的第一部现代小说。海涅曾说:"塞万提斯、莎士比亚、歌德在叙事、戏剧、抒情这三类创作里分别达到了登峰造极的地步。"

↑ 塞万提斯

1547年,塞万提斯出生在西班牙的马德里附近的一个小城。19岁时,塞万提斯和家人定居马德里。几年后,他来到意大利,并应征入伍,后来还参加了抗击土耳其的勒班托海战。在战场上,他英勇抗敌,左手致残,成为"勒班托的独臂人"。

1580年,塞万提斯回到了自己的祖国。此时,昔日西班牙的海上霸权已荡然无存,塞万提斯在勒班托海战中的英雄事迹早已被人们遗忘。一贫如洗的塞万提斯为了生计四处奔波,他一面著书,一面在政府里当小职员。《八个新的喜剧和八个新的幕间短剧》和田园小说《加拉黛亚》就是这一时期的作品。他还干过军需官、税吏,接触过农村生活,也曾被派到美洲公干。他不止一次被捕下狱,原因是不能按时缴纳税款,也有的是遭受无妄之灾。著名的《堂吉诃德》上卷就是塞万提斯在狱中构思的。

塞万提斯五十多岁时开始《堂吉诃德》的写作。1605年《堂吉诃德》上卷出版,立即风行全国,一年之内竟再版了6次。这部小说虽然未能使塞万提斯摆脱贫困,却为他赢得了不朽的荣誉。不久,竟然有人冒名出版《堂吉诃德》的续篇。冒名者站在教会与贵族的立场,肆意歪曲和丑化小说主人公的形象,并对塞万提斯进行恶毒的人身攻击。为了抵制伪书的恶劣影响,塞万提斯迅速完成了比上卷更加成熟的《堂吉诃德》下卷，并于1615年底出版。

塞万提斯获得了巨大的成功，但是书中对时弊的讽刺与无情嘲笑导致封建贵族与天主教会的不满与憎恨，因此他没有得到应有的报酬。1616年春天，69岁的塞万提斯在贫病交加中去世。

塞万提斯在小说中故意模仿骑士传奇式的写法，描写了主人公堂吉诃德因迷恋古代骑士小说，竟像古代骑士那样用破甲驽马装扮起来，以丑陋的牧猪女作美赛天仙的贵妇，以矮胖的农民桑丘作侍从，3次出发周游全国，去创建扶弱锄强的骑士业绩，以致闹出不少笑话，到处碰壁受辱，或被打成重伤或被当做疯子遣送回家。小说中出现的人物近700个，描绘的场景从宫廷到荒野，遍布全国。

作者塑造人物虚实结合，否定中有歌颂，荒诞中有寓意。可笑、可敬而又可悲的堂吉诃德和既求实胆小又聪明公正的农民桑丘成为世界文学名著中的不朽形象。

如今，《堂吉诃德》已成为世界文学史上的宝贵财富。为了纪念塞万提斯这位伟大的作家，西班牙人民于1835年在西班牙首都马德里的广场上为他树立了一座纪念碑，纪念碑雕塑的就是堂吉诃德和桑丘这两个不朽的人物形象。

↑《堂吉诃德》中的插图

←《堂吉诃德》中的插图

学海拾贝

塞万提斯奖是西班牙文化部为表彰杰出的西班牙语作家而设立的，并以作家塞万提斯的名字命名。每年12月评出年度得主，次年4月23日（塞万提斯逝世的纪念日）在塞万提斯故乡的阿卡拉大学由西班牙国王亲自颁授。该奖称得上西班牙语世界的文学最高荣誉。

荡涤心灵的语文故事

戏剧之王 莎士比亚

莎士比亚是欧洲文艺复兴时期最重要的作家,英国卓越的戏剧家和诗人,也是迄今为止人类最伟大的戏剧大师。他的戏剧大大丰富了人类的文学宝库,是人类文化史上一份极为宝贵的遗产。

16世纪,英国正处于伊丽莎白一世的统治下,这是一个充满青春朝气的伟大时代。这期间一个大人物诞生了,他就是英国文艺复兴时期最杰出的艺术大师——威廉·莎士比亚。

1564年4月23日,莎士比亚出生在英国中部沃里克郡的斯特拉福镇一个富商家庭。7岁时,莎士比亚进入斯特拉福文学学校,学习古典文学、修辞学、拉丁语和法语等。14岁时,由于家道中落,莎士比亚辍学回家,协助父亲料理生意。

1582年,18岁的莎士比亚与比他大8岁的安·赫瑟维结了婚。他们婚后育有3个孩子。1586年,22岁的莎士比亚只身离开斯特拉福前往伦敦。当时的伦敦正处于女王伊丽莎白一世统治的鼎盛时期,政治上相对安定,民族文化(尤其是戏剧艺术)开始走向繁荣,很快就有了一批正式的剧院。这一时期,莎士比亚对戏剧产生了浓厚的兴趣,开始在剧院打杂,后来当了跑龙套的演员,逐渐又扮演了一些重要角色,并担任了导演。

1588年前后,莎士比亚开始进行戏剧创作。由于这时英国正处于昌盛时期,所以莎士比亚的作品基调明朗、激昂,充满了乐观情绪。从1588

↑ 莎士比亚

年到1600年，莎士比亚完成了多部历史剧和喜剧、150首十四行诗等。其中，历史剧主要有《亨利六世》《理查三世》《理查二世》《亨利四世》《亨利五世》《约翰王》等9部。

除了历史剧，莎士比亚这一时期还创作了一批成就很高的喜剧：《无事生非》《驯悍记》《仲夏夜之梦》《威尼斯商人》《温莎的风流娘儿们》《皆大欢喜》《第十二夜》等。其中《无事生非》《皆大欢喜》《第十二夜》被称为莎士比亚的三大喜剧。这些作品描写纯洁的爱情，嘲讽了封建伦理观念和教会禁欲主义。

16世纪末，英国社会的阶级矛盾开始尖锐，封建王朝与资产阶级的关系开始紧张，人民生活状况不断恶化，整个社会动荡不安。从这之后，莎士比亚的剧作充满了沉郁、晦暗的色彩。这一时期，他创作了7部悲剧和3部喜剧，其中，《哈姆雷特》《奥赛罗》《李尔王》和《麦克白》被称为莎士比亚的四大悲剧。

1609年后，莎士比亚的创作风格发生了很大的转变，主要以传奇剧和神话剧为主。1609年～1612年，他创作了《辛白林》《冬天的故事》和《暴风雨》等传奇剧，其中《暴风雨》是莎士比亚传奇剧中的代表作。

历史剧《亨利八世》是莎士比亚的最后一本剧本。《亨利八世》演出时，一场大火烧毁了剧场，从此，他再也没有写过一部剧本。

1613年，49岁的莎士比亚离开伦敦剧院，回到了斯特拉福镇。1616年初，由于朋友聚会饮酒而得了热病，4月23日，这位戏剧之王与世长辞，享年52岁。

↑《哈姆雷特》第四幕的绘图，描绘的是奥菲丽亚发疯后即将在河里溺毙的情景。

学海拾贝

莎士比亚伟大的作品滋润着人们的心田，给世界带来一片生机，正如法国人文豪雨果所言，"这种天才的降临，使得艺术、科学、哲学或者整个社会焕然一新"，他的光辉"照耀着全人类，从时代的这个尽头照射到那个尽头"。

第三章

Di-san Zhang

从古典主义文学到启蒙文学

Cong Gudian Zhuyi Wenxue Dao Qimeng Wenxue

从《哈姆雷特》到《浮士德》约两百年间，文学史经历了从古典主义文学到启蒙文学的漫长历程。17世纪的欧洲讲究理性和秩序，这种时代精神在这一时期的古典主义文学中得到了集中体现。18世纪，欧洲发生了一场反封建的启蒙运动，启蒙文学随之而来。

英国伟大的诗人 弥尔顿

弥尔顿是 17 世纪英国杰出的大诗人，也是继莎士比亚之后最伟大的诗人之一。他的著名作品《失乐园》既充满了热情，又有庄严与宏伟的气势，是世界文学史上的不朽篇章。

17 世纪的英国是一个动荡的充满激情和暴力的时代。1603 年，伊丽莎白女王去世，英国国王与议会矛盾日趋激烈，政局动荡。1649 年，国王查理一世被送上断头台，英国建立资产阶级共和国。宗教和政治上的纷争使当时的文学精彩纷呈，这一时期诞生了一个伟大的诗人——约翰·弥尔顿。

1608 年，弥尔顿出生在伦敦一个富裕的清教徒家庭。因其父亲爱好文学，他从小深受影响，喜爱读书，尤其喜爱文学。16 岁时，弥尔顿进入剑桥大学，拿到硕士学位后，他开始试作拉丁文诗和英文诗，并钻研古代和文艺复兴时期文学，一心想写出能传世的伟大诗篇。

↑ 约翰·弥尔顿

1638 年，弥尔顿来到了欧洲文化中心意大利旅行，拜会了被囚禁的伽利略。他深为伽利略在逆境中坚持真理的精神所感动。第二年，他听说英国资产阶级革命即将爆发，便放弃旅行，仓促回国，投身革命运动。他站在革命派清教徒的立场，参加宗教论战，反对封建王朝的支柱国教。

共和国后，弥尔顿又参加了革命政府工作。他写下了很多关于捍卫共和国的文章。著名论文《为英国人民声辩》驳斥发动派攻击英国人民犯了弑君之罪的谰言，在当时引起很大反响。后来，弥尔顿因劳累过度，双目失明，但他仍然坚持斗争。

1660年，王朝复辟，弥尔顿被捕入狱，他的著作被焚毁。后来在朋友的帮助下，他才幸免于难。从此他专心写诗，在亲友的协助下，完成了著名的诗作《失乐园》。

↑ 19世纪英国诗人兼画家威廉·布莱克为《失乐园》绘制的插图。现收藏于波士顿美术馆。

《失乐园》完成于1667年，长约10 000行，分12卷，故事取自《旧约》，叙述亚当和夏娃受撒旦引诱摘食禁果而被逐出乐园的故事。诗人写这首诗的目的在于说明人类不幸的根源。他认为人类由于理性不强、意志薄弱，经不起外界的诱惑，导致感情冲动，走错道路，丧失了乐园。诗人通过他们的遭遇，暗示英国资产阶级革命也因道德堕落、骄奢淫逸而惨遭失败。

在长诗中，诗人塑造了一个坚强不屈、反抗权威的资产阶级革命者形象——撒旦。在漫长的历史长河中，撒旦一直背负着邪恶之名，而到了17世纪这个觉醒的时代，弥尔顿却为这个反抗上帝的邪恶者唱出了一曲独异的歌。这是英国资产阶级革命的不可磨灭的记录，也是《失乐园》卓越的艺术成就，它显示出弥尔顿高超的艺术造诣。

《失乐园》中运用了璀璨瑰丽、抒情浓郁的比喻，独特的拉丁语句法，富有独创性节奏的无韵体，使弥尔顿一度成为继莎士比亚之后英国最伟大的诗人。

学海拾贝

弥尔顿早年的创作主要是短诗。1632年，他完成了著名的短诗《快乐的人》和《沉思的人》。这两首诗艺术成就很高，描写了诗人轻松愉快的心情和沉思的乐趣，体现了人文主义者对享受生活的追求。

↓《失乐园》中的插图，描绘的是皮特和瑟罗之间的政治斗争。

荡涤心灵的语文故事

法兰西精神的象征 莫里哀

莫里哀不仅是伟大的戏剧家，也是一名出色的演员和导演。他将自己的毕生心血献给了戏剧事业。人们在他的石像下面刻上了这样一句话："他的荣誉什么也不少，我们的光荣却少了他。"

1673年2月的一天晚上，法国巴黎皇家大剧院座无虚席，盛况空前，观众们迫切地等待着喜剧《无病呻吟》的开演，担任主角的正是本剧的作者——喜剧大师莫里哀。

演出前，他不断地皱眉咳嗽，他的妻子看他病得非常严重，就劝他说："你病得这么重，就不要出场了吧！"

"这怎么行？只要我还有一口气，我就要参加演出。"莫里哀坚决地说。妻子看丈夫态度很坚决，只好无奈地为莫里哀理了理演出的服装。

莫里哀登场了，台下响起雷鸣般的掌声。他扮演的"无病呻吟者"是一个挂着医生招牌的江湖骗子，没病装病。因为身体的病痛，莫里哀演得非常逼真，他咳嗽的痛苦样子，让观众们一次次地为他鼓掌喝彩。

这是一幅令人感动的画面，一个视舞台为生命的人，在自己生命垂危的时候也不愿抛弃它——即使付出生命的代价。

↓ 莫里哀

终于演到第四场，在观众们的欢乐笑声中，莫里哀突然咳血而倒，几小时后，他静静地离开了人世。

莫里哀演了一辈子喜剧，而这部喜剧却成为他生命终点的一场悲剧。

↑《伪君子》中的插图

由于他生前大部分作品都是抨击贵族和教会，所以，对于莫里哀的去世教会拍手称快，在他们的阻挠下，莫里哀的葬礼十分冷清。

莫里哀是 17 世纪法国古典主义喜剧家，原名让·巴蒂斯特·波克兰，1622 年出生于一个皇家室内陈设商家庭。后来，他放弃了父亲的"国王侍从"身份的世袭权利，立志搞戏剧创作。

1652 年，莫里哀开始参与剧团演出并创作剧本。之后，他不仅成为一位出色的戏剧活动家，而且成为一位闻名于世的喜剧创作家。莫里哀生活在资产阶级日益壮大、封建统治日趋衰亡的文艺复兴时期，此时社会日益腐败，下层人民生活愈加艰难。他笔下的正面人物，常常是那些被嘲讽者的仆人、佃户、工匠，这些人总是以高妙的手段使对方当场现形，让剥削者在观众的笑声中受到批判。

一生之中，莫里哀创作了 37 部优秀的剧本，其中著名的有《可笑的女才子》《太太学堂》《伪君子》《唐璜》《恨世者》《吝啬鬼》等。《伪君子》是莫里哀最有名的喜剧。它写的是伪装圣洁的教会骗子答尔丢夫混进商人奥尔恭家，图谋勾引其妻子并夺取其家财，最后真相败露、锒铛入狱的故事。这部剧作深刻地揭露了教会的虚伪和丑恶，对世界喜剧艺术的发展有着深远的影响。

学海拾贝

莫里哀的作品开古典主义喜剧之先河，极大地影响了喜剧乃至整个戏剧界的发展。在法国，为了纪念莫里哀，自 1996 年起，文化部规定：将每年 4 月作为莫里哀戏剧月，全国各地上演莫里哀的名作。莫里哀可以说是"法兰西精神"的象征。

小说之父 笛福

笛福是英国18世纪启蒙文学的重要作家,被誉为"小说之父"。他的代表作《鲁滨孙漂流记》是一部流传很广、影响很大的文学名著。如今,在二百八十多年后的今天,这部小说仍然脍炙人口。

三百多年前,《英国人》杂志上刊登了一件鲜为人知的事情:有一位叫赛尔科克的苏格兰人在一艘英国海船上当水手。一天,他与船长发生争吵,被抛弃在一个荒无人烟的小岛上。开始的时候赛尔科克的心情很糟糕,但后来他很快就适应了岛上的生活。他捕食猎物,用木头和兽皮盖房子,拿钉子做针,用破袜子拆开的线来缝补衣服。他在荒岛一直生活了四年多,几乎变成了一个忘记人类语言的野人。1709年,一位航海家发现了他,把他带回了苏格兰。

后来,笛福根据这个故事写下了冒险小说《鲁滨孙漂流记》。小说写的是主人公鲁滨孙不安于平庸的生活,不断到海外冒险,结果流落荒岛的故事。因为对主人公鲁滨孙形象的成功塑造,笛福一举成为当时家喻户晓的人物。

1660年,笛福出生在英国伦敦,他受过中等教育,但没有受过古典文学教育。后来,笛福成为一个成功的商人,曾到大陆各国经商。在此期间,他成了家,开始了养家糊口的生活。32岁时,笛福的生意破产了,还欠下了一堆外债。为了养活家人,他不得不想各种办法谋生。他充当过政府的秘密情报员,设计过各种开发项目,同时从事写作。1702年,笛福由于发表政论文章《消灭不

↓笛福

32

↑《鲁滨孙漂流记》中的插图，描绘的是鲁滨孙登上荒岛的情景。

↑《鲁滨孙漂流记》中的插图，描绘的是鲁滨孙在荒岛上生活的情景。

↑《鲁滨孙漂流记》中的插图，描绘的是鲁滨孙做木筏的情景。

同教派的捷径》，反对国教压迫不同教派人士，被迫入狱6个月。笛福因此被伦敦市民奉为英雄。在狱中，笛福并没有停笔，他模仿希腊诗人品达罗斯的颂歌体写了一首《立枷颂》，讽刺英国法律的不公。

出狱后不久，笛福因撰写抨击国王和执政党的文章又数次入狱。由于政论文章带来很多麻烦，笛福便转向小说创作。1719年，年近60岁的笛福写下了第一部小说《鲁滨孙漂流记》，这部小说使他一举成名，但似乎又来得太晚了。因为他并没有因此摆脱贫困，只要有他的身影，就会有债主来逼债，孩子们也对他撒手不管。1731年，在孤独和恐慌中，71岁的笛福离开了人世。

笛福可谓是大器晚成，在写完《鲁滨孙漂流记》后，又有几部小说相继出版，如《辛格尔顿船长》《摩尔·弗兰德斯》等。他的小说继承了文艺复兴时期西班牙流浪汉小说的传统，大多是写一个出身低微的人，靠机智和个人奋斗致富，并最终取得成功的故事。代表作《鲁滨孙漂流记》是笛福最出色的一部小说，也是世界文学名著中最流行的小说。这部小说发表之后，立即受到英国社会的广泛欢迎，从而奠定了笛福在英国文学史上的地位。

学海拾贝

据说，笛福曾与26家杂志有联系，有人称他为"现代新闻报道之父"。他的作品，包括大量政论册子，共达250种。

荡涤心灵的语文故事

世界讽刺文学的典范《格列佛游记》

《格列佛游记》是 18 世纪英国著名的讽刺小说家——乔纳森·斯威夫特的代表作，其高超的思想与艺术成就成为世界讽刺文学的典范，斯威夫特也因此被誉为"18 世纪英国最杰出的政论家和讽刺小说家"。

1667 年 11 月 30 日，斯威夫特生于爱尔兰首都都柏林，但他的父母都是英格兰人。父亲在他出生前 7 个月就去世了，他一直由叔叔抚养，过着寄人篱下的生活。14 岁时，斯威夫特进入都柏林著名的三一学院学习。当时，担任教会的神职是穷孩子最稳妥的出路，但斯威夫特厌恶神学和那些繁琐的哲学课程，更喜欢历史及文学。然而，斯威夫特最终还是获得了硕士和博士学位。

1688 年，爱尔兰面临英国军队的入侵，斯威夫特前往英国寻找出路。接下来的 10 年是斯威夫特一生中至关重要的时期。在母亲的帮助下，他去了一个远亲的家里，在坦普尔爵士家的穆尔庄园当私人秘书。坦普尔是一位经验丰富的政治家，也是位哲学家，有极高的修养，这无疑使斯威夫特受到了很大的影响。他早期的讽刺杰作《木桶的故事》（1704 年）正是在这里写成的。

◆《格列佛游记》印刷品上斯威夫特的肖像画

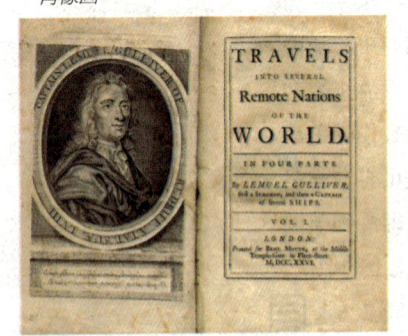

离开穆尔庄园后，斯威夫特回到爱尔兰做牧师。这时，他与英格兰政坛开始频繁接触。当时，斯威夫特成为哈利首相的亲信，安妮女王演说词的起草人。后来安妮女王去世，斯威夫特被赶出伦敦。

回到爱尔兰后，斯威夫特积极投身于爱

尔兰人民争取自由独立的斗争中。斯威夫特深受爱尔兰人民热爱，在他最后一次访英归来时，人们鸣钟举火，用仪仗队簇拥他返回寓所。虽然斯威夫特获得了相当大的声誉，但是晚景却非常凄凉。1745 年 10 月 19 日，斯威夫特在黑暗和孤苦中告别了人世，终年 78 岁。

↑《格列佛游记》中的插图

在 1720 年～1725 年这段政局动荡的岁月里，斯威夫特完成了他一生中最重要的文学作品《格列佛游记》。1726 年，此书以主人公自述的口气匿名出版。《格列佛游记》是一部奇书，它不是单纯的少儿读物，而是饱寓讽刺和批判的文学杰作。小说以第一人称通过主人公英国外科医生格列佛周游"小人国""大人国""飞岛国"的奇遇，对 18 世纪上半叶的英国进行了辛辣的讽刺和全面的批判。全书的虚构和细节的真实结合得相当完美，具有深刻的批判现实主义力量，是开创英国文学史上讽刺传统的代表作品之一。

《格列佛游记》问世后，立即震惊了当时的英国社会，也震动了世界文坛。在伦敦，不论男女老幼，不论宫廷、官邸，还是酒吧、小店，人人都在读这部书，都在议论这部书。

时过两百多年，《格列佛游记》的足迹遍及整个世界。在世界进步文学的行列中，它获得了应有的地位，闪耀着永恒的光辉。斯威夫特不但是英国文学史上别具一格、受人尊崇的作家，也是受世界各国人民热爱的伟大作家。

学海拾贝

1710 年，斯威夫特任托利党《考察报》主编。当时英法因争夺西班牙王位继承权而长期交战，人民蒙受苦难，斯威夫特为此写了一系列反战文章。其中一篇揭露骇人听闻的贪污行径的政论，直接促成了英法停战，以至有人称那项和约为"斯威夫特和约"。

法兰西最优秀的诗人 伏尔泰

在法国启蒙运动的学者中，伏尔泰是被公认的领袖和导师，他的文学成就最高，文学作品数量也最多。伏尔泰用笔杆进行了六十多年的反封建斗争，影响遍及全世界，被誉为"法兰西最优秀的诗人""欧洲的良心"。

↑伏尔泰

伏尔泰的一生是战斗的一生，他的斗争锋芒直指封建专制制度。他的斗争目的就是要把人们从中世纪的蒙昧和宗教迷信的思想禁锢中解放出来，以期建立一个平等、自由、幸福的"理性王国"，即理想化的资产阶级王国。伏尔泰的威望和贡献，是法国启蒙思想家中最大的。

伏尔泰，原名弗朗梭阿·马利·阿鲁埃，伏尔泰是他的笔名。1694年，伏尔泰出生在巴黎一个富有的公证人的家庭。伏尔泰幼年时就能背诵拉·封丹的《寓言》，12岁就能作诗，并开始对神学表示怀疑。16岁那年，伏尔泰中学毕业，没有继续学习法律，成了一个没有职业的文人，经常写一些讽刺诗和即景诗。1715年，号称"太阳王"的路易十四去世，年仅5岁的曾孙路易十五继位，由奥尔良公爵菲利浦摄政。路易十四时代是法国封建王权的鼎盛时代，教会的权力大大增长，强烈的阶级矛盾成为推动历史发展的动力，启蒙运动应运而生。

就在这时，伏尔泰充当了启蒙运动的旗手，开始用自己手中的笔向糜烂腐败的宫廷挑战。1717年，伏尔泰因为写了揭露宫廷淫乱风气的讽刺诗，被投入了巴士底狱。在狱中，伏尔泰并没有停止思考和写作，他以希腊神话中一个乱伦的故事来影射宫廷生活。这部名叫《欧第伯》的剧本在他出狱后在巴黎上演，得到一致好评，伏尔泰也因此在法国文学界名声大振。1725年，因为顶撞了一个贵族，伏尔泰被驱逐出法国，开始了漫长的流亡生涯。

↑伏尔泰的沙龙

1726年～1729年，流亡英国的伏尔泰认真考察了英国的政治、经济、文化和科学成就。正是在这一时期，他的哲学观点乃至整个世界观开始形成。1729年，伏尔泰回到巴黎。1734年，伏尔泰在鲁昂出版了《英国通讯录》。该书被认为是"投向旧制度的第一颗炸弹"，一经问世就被法院判为禁书，当众焚毁，伏尔泰被迫流亡到荷兰，寄居在友人夏德莱侯爵夫人家中。

1749年，夏德莱侯爵夫人去世，伏尔泰在普鲁士国王腓特烈二世的邀请下来到了普鲁士，想把国王和宫廷作为自己实现启蒙运动的武器。但是当他痛苦地认识到不可能实现时，随即挂冠而去，决定不再和任何君主来往。

离开普鲁士后，伏尔泰在法国与瑞士边境的佛尔纳购置了房屋和地产，在这里度过了富裕的晚年。1778年，伏尔泰回到巴黎，同年的5月30日病逝。由于受到教会的迫害，伏尔泰的遗体不得不被秘密运到香槟省安葬。1791年，法国大革命爆发后，他的遗体被迁葬在巴黎先贤祠，并补行国葬。

学海拾贝

1774年，路易十五去世，新即位的路易十六无法阻止法国人民对伏尔泰的拥护和爱戴，于是允许伏尔泰于1778年返回巴黎。人们夹道欢呼，无比热烈地迎接这位84岁高龄的老人，场面胜过了欢迎任何一位国君。

荡涤心灵的语文故事

启蒙运动的卓越代表 卢梭

卢梭是18世纪法国大革命的思想先驱,启蒙运动的卓越代表人物之一。他受英国唯物主义哲学家洛克的影响,写出了光辉巨著《社会契约论》,其政治思想后来成为资产阶级民主革命的政治纲领。

1712年,卢梭出生在瑞士日内瓦,父亲是个钟表匠,母亲在生下他几天后就去世了。卢梭幼年时没有受过系统教育,但在父亲的鼓励下读了许多古希腊和罗马的名人传记与抒情小说,这使他的思想渐渐成熟起来。

1741年,卢梭来到巴黎,参加过一些沙龙,结识了许多著名的学者,如狄德罗、伏尔泰等人,也接触过一些上流社会的贵夫人。但是上层社会的奢靡生活使他厌恶,他的经历也使他更为同情下层群众的疾苦,因此,卢梭开始同上层社会疏远。

18世纪40年代,伏尔泰已经誉满欧洲,可卢梭还过着艰难的生活。1749年夏天,卢梭在报纸上看到了第戎科学院的征文题目,便把几年来压在胸中的感情充分抒发,写出了他的第一篇论文《论科学与艺术》,从此声名鹊起。

1753年,卢梭撰写了他最为重要的理论名著《论人类不平等的起源和基础》,1755年在荷兰出版后,轰动了整个欧洲。在这本书中,他着重阐述了私有财产是万恶之源,宣传自由和平等不可剥夺的"天赋人权"的资产阶级政治观。

1756年~1762年,卢梭先后写作出版了《新爱洛依丝》《社会契约论》和《爱弥儿》三部小说,在社会和历史上产生了很大的影响。

↑ 卢梭

《新爱洛依丝》是一部书信体小说，写一对青年的恋爱悲剧。贵族少女朱丽爱上家庭教师圣普乐，但是遭到父亲反对。后来，她被迫嫁给俄国贵族德·沃尔马。婚后，朱丽用宗教和道德观念克制自己，最后因病去世。临终前，她将子女托付给圣普乐，并向他坦露"去天国团聚"的心愿。

这部作品还以极大的热情，歌颂了人的自然情感，特别是男女青年爱情过程中的自由奔放的激情。这种高尚、纯真、自然的情感是无法压制的。作品细致的心理描写，情景交融的美丽篇章，赢得了无数读者的赞赏。

卢梭的《社会契约论》是一部表现他的民主主义政治思想的主要著作。书中指出一切权力应属于人民，法律要表现人民公意，法律面前人人平等。然而，《社会契约论》令人耳目一新的观点却给他带来了灾难。他受到当地天主教神甫和信徒的咒骂与围攻，被迫逃到普鲁士管辖的讷沙泰尔地区，隐居到1765年，此间发表了《写自山上的信》。

1766年，在英国哲学家休谟的邀请下，卢梭到英国居住。由于卢梭很早就患有"受迫害妄想症"，他在1767年惊慌地逃往法国，最初住在一位侯爵家里，后来又改名并住在另一个人的城堡里。

1770年，法国当局宣布对卢梭赦免，于是他迁回巴黎，恢复了真名。卢梭在晚年也写了不少著作，其中最著名的是《忏悔录》。

1778年7月2日，这位杰出的民主主义思想家与世长辞。

↑ 卢梭的作品

学海拾贝

《社会契约论》中主权在民的思想，是现代民主制度的基石，深刻地影响了逐步废除欧洲君主绝对权力的运动。美国的《独立宣言》和法国的《人权宣言》及两国的宪法均体现了《社会契约论》的民主思想。

法国戏剧作家 博马舍

博马舍是法国喜剧作家,他的戏剧代表作不仅表达了启蒙运动思想,富于时代气息,而且在艺术形式上取得了较高的成就。其最著名的戏剧作品是:《塞维利亚的理发师》和《费加罗的婚礼》。

↑ 博马舍

1732年1月24日,博马舍出生于巴黎一个钟表匠家庭,13岁时就辍学在家,但他勤奋好学,博览群书,这为他以后的创作打下了坚实的基础。

博马舍受启蒙运动的影响,自称是伏尔泰、狄德罗的学生。1767年,他写出第一部剧本《欧也妮》揭露贵族阶级的荒淫无耻。1770年,他的剧本《两个朋友》在巴黎公演,但没有引起公众的注意。

1772年,博马舍完成了以费加罗为主人公的第一部戏剧《塞维利亚的理发师》(又名《防不胜防》);1775年2月23日,法兰西喜剧院首演这部戏剧,不过反应冷淡。经过博马舍一番修改后,终于获了得成功。此剧情节与莫里哀的《太太学堂》相似,主要成就在于塑造了费加罗这个有深刻含义的艺术形象。他虽是阿勒玛维瓦伯爵昔日的仆人,但在道德上和精神上都比贵族优越得多。正是在他的帮助下,伯爵才得以击破封建卫道士巴尔多洛的严密防范,使一对有情人终成眷属。

在此剧的基础上,博马舍于1778年写成续集《费加罗的婚姻》,剧中伯爵喜新厌旧、玩弄妇女,企图破坏费加罗与伯爵夫人的使女苏珊娜的婚姻。费加罗设下圈套，最终使得伯爵阴谋败露、当众出丑，体现了第三等级对抗封建统治阶级的胜利。《费加罗的婚姻》情节紧凑、语言幽默、形式活泼，充满了时代气息，但它被国王路易十六禁演。博马舍发动公众舆论，经过6年的斗争，终于在1784年进行了首次上演，并取得了极大的成功。这成为了法国戏剧史上的一件大事。同时，也反映了法国大革命前夕人民群众反封建的激情，博马舍也因此被视为现代喜剧的先驱。

1787年，博马舍又写了一部歌剧《达拉尔》，剧中描写了两个不同的人物，一个是荒淫暴虐的统治者达拉尔，另一个是受人民爱戴的爱国者阿达尔。在这部歌剧里，博马舍继续宣扬人类平等的启蒙思想，同时也表达了对开明君主的幻想。

1792年，博马舍写了最后一个剧本《有罪的母亲》。在这部正剧里，他完全放弃了《塞维利亚的理发师》和《费加罗的婚姻》两剧中的民主倾向和批判精神，他的创作生命也就此终结了。

1799年5月18日，博马舍因中风去世。博马舍的一生是斗争的一生，充满着传奇的色彩。他的戏剧创作活动跟他的生活道路一样，同样充满着斗争精神。他在繁忙的社会活动中，一直坚持他的戏剧创作。也正是这些戏剧创作，使他获得了不朽的声誉。

↑《费加罗的婚姻》原来的扉页

↑ 博马舍的雕像

学海拾贝

为了保障喜剧演员们的利益，博马舍在1777年创立了法国戏剧家协会，还运送大批武器装备和组织义勇军，支援美国的独立战争。法国大革命爆发后，他曾试图为法国军队购买武器，结果被捕入狱，不得不逃亡国外，直到1796年才回到法国。

德国戏剧家 莱辛

莱辛是德国启蒙运动时期最重要的作家和文艺理论家之一,他著名的三大名剧是《萨拉·萨姆逊小姐》《爱米丽雅·迦洛蒂》《智者纳旦》,莱辛的剧作和理论著作对后世德语文学的发展产生了极其重要的影响。

1729年1月22日,莱辛出生于德国的卡门茨。他和18世纪的许多其他德意志作家一样出身于一个新教牧师家庭。他的父亲是卡门茨大教堂的首席牧师及神学作品的作者。1737年~1741年,他就读于卡门茨的拉丁语学校,后来在迈森的圣·阿夫拉贵族学校学习。1746年9月,他开始在莱比锡大学学习神学。

很快莱辛就开始从事更世俗化的活动,学习跳舞、击剑和骑术,并对戏剧产生了兴趣。他在《自然研究者》杂志和表兄弟缪利乌斯出版的《激发灵魂的快乐》上发表了第一批诗歌、寓言和诗体短篇小说。1748年11月,他来到柏林。不到20岁的莱辛决定从事自由作家的职业。

他同缪利乌斯一起出版了《历史论文和戏剧评论》杂志。此外,他撰写书评、诗歌、剧本,如《犹太人》《怀疑论者》等,并进行翻译工作。

1753年~1755年,莱辛出版了分成6部分的作品集,1755年春季创作

↑ 莱辛正在与客人交谈

了《萨拉·萨姆逊小姐》。尽管有着文学方面的声誉，莱辛一直寻求着一份稳定的工作。1755年10月，他前往莱比锡。他接受了富商温克勒的建议，作为其陪同做一次4年之久的环游欧洲的旅行。

1758年，莱辛返回柏林，写下了第一批涉及当时的文学的信件。1759年，他出版了独幕剧《菲罗塔斯》。1766年，他出版了一部内容丰富的作品——美学论著《拉奥孔》，首先对青年一代产生了重大的影响。1767年，他出版了《明娜·冯·巴恩赫姆》，之后又于1772年完成著名的悲剧《爱米丽雅·迦洛蒂》。

1778年，他出版了《论人类的教育》，两年后全部完成。此外，他出版了针对保守的汉堡主教而作的《反对歌策》的论文，维护了理性的权利，并对宗教进行了审视性的批判。1778年，诗剧《智者纳旦》作为这次论战的延续问世。

1781年2月15日，他造访不伦瑞克时去世，时年52岁。

现在，莱辛的作品被视为后来发展起来的德国市民戏剧的样板。《萨拉·萨姆逊小姐》和《爱米丽雅·迦洛蒂》被当成最早的市民悲剧，《明娜·冯·巴恩赫姆》是许多古典主义的德国戏剧的榜样。《智者纳旦》是第一部探讨世界观的观念剧。他的理论著作《拉奥孔》和《汉堡剧评》为讨论美学和文学理论的原则制定了标准。

作为德国启蒙运动领导性的代表人物，莱辛是思考市民的自我意识的先驱者。他的理论及批评作品以经常被运用的滑稽、讽刺的风格与准确的论证而独树一帜。对他而言，真理永远不是可以为人掌握的、一成不变的东西，而是一个不断接近真理的过程。

↑ 莱辛

学海拾贝

莱辛反对占有统治地位的戈特歇德及其弟子的文学理论。他特别批评把法国戏剧作为榜样来模仿，他支持对亚里士多德的古典主义的原则作出反思和借鉴莎士比亚的作品。莱辛是在德国创立莎士比亚评论的第一人。

德国最伟大的诗人 歌德

歌德是世界文学史上最杰出的作家之一，德国最伟大的诗人、思想家、剧作家。他的创作把德国文学提高到欧洲文学的先进水平，被恩格斯推崇为文艺领域里"真正的奥林匹亚神山上的宙斯"。

1749年8月28日，歌德出生于德国莱茵河畔的法兰克福，他的父亲是皇家顾问及法律博士，喜爱收藏书籍和美术作品，母亲是当时法兰克福市长泰克斯尔扎尔的女儿。在这种家庭环境里，歌德从小就受到艺术的熏陶。父亲对歌德寄予厚望，从他出生起就有计划地对他进行教育，因此，歌德8岁时就能阅读德文、法文、英文、意大利文、拉丁文、希腊文等多种文字的书籍。

1765年8月，在父亲的坚持下，歌德违背自己学习古典文学的意愿，到莱比锡学习法律。1770年4月，他转到斯特拉斯堡大学继续完成学业。后来，他在一次舞会上认识了夏绿蒂和她的未婚夫。歌德很喜欢夏绿蒂，但他知道自己没有希望，所以非常苦恼。1774年，他以夏绿蒂为素材写成了优秀的小说《少年维特之烦恼》。

1775年，歌德在法兰克福与16岁的丽莉·斯温曼订婚，但终因家长反对，未能结成连理，而这段感情也促使他写成了《丽莉之歌》。1775年11月，应卡尔·奥古斯特公爵的邀请，歌德来到魏玛，次年进入魏玛宫廷参政，开始了他近10年的政治生涯。1786年9月，歌德开始了意大利之游，这为他日后的写作积累了丰富的素材。

1788年6月，歌德再次回到魏玛，认识了魏玛公国一位文书的女儿——克里斯蒂安·沃尔波乌斯。歌德对这位普通、单纯的姑娘产生了强烈的爱意，后来他们结了婚。

↑《浮士德》中的插图

1794年，歌德与席勒成为好朋友，从此开辟了"以歌德和席勒的友谊为特征"的德国古典文学全盛时期。在10年时间里，他们在创作上互相帮助，各自写出了他们的名作。在席勒的促进下，歌德创作了巨著《浮士德》。两位文学巨人10年的相处与合作，把德国古典文学推向了高峰，并使魏玛这座小小的公国都城一跃成为当时德国与欧洲的文化中心。

1821年，歌德开始编辑自己的生平著述。1823年，歌德因心脏病前往坞丽恩巴德疗养，在此期间写下了抒情诗《玛丽恩巴德哀歌》。1828年6月，歌德的靠山魏玛公爵逝世，这对歌德是个沉重的打击。1830年10月27日，他的爱子奥古斯都也死在意大利的罗马，老年丧子之痛使他陷入了无限的悲伤之中。

1832年3月16日，由于受凉感冒，歌德卧病在床。3月22日，这位伟大的诗人溘然长逝，享年83岁。歌德去世了，却给世人留下了极为丰富的文学遗产：上千首诗歌，上百部小说、戏剧，几十年的日记及一万五千多封书信等，歌德也因此成为继荷马、但丁和莎士比亚之后的欧洲最伟大的诗人。

学海拾贝

《浮士德》被别林斯基称为"我们时代的《伊里亚特》"，它是歌德的毕生力作，是世界文学史上最杰出的巨著之一，奠定了歌德在文学上的崇高地位。歌德从酝酿构思到最后完成巨著花了60年的时间。

德国启蒙文学的代表人物之一 席勒

席勒是德国 18 世纪著名的诗人、哲学家、历史学家和剧作家，德国启蒙文学的代表人物之一，《欢乐颂》的词作者，德国文学史上"狂飙突进"运动的代表人物，也被公认为德国文学史上地位仅次于歌德的伟大作家。

↑ 席勒

1779 年 11 月的一天，德国符腾堡军事学校的大厅里正举行一个隆重的仪式：魏玛公国的大公在这里给优秀的学生颁发奖章。在所有的学生中，有一个 20 来岁、相貌英俊的青年，他的双眼一直紧紧盯着大公身边的内阁大臣——歌德，以至于颁发奖章时喊他名字都没有听见。

原来，这个青年名叫弗里德里希·席勒，他是当时德国反封建的"狂飙突进"运动的拥护者。他非常喜欢歌德的《少年维特之烦恼》，现在见到作家本人，激动之情溢于言表。就是在这次见面后不久，两人成为无所不谈的好朋友。他们一起并肩作战，使德国文学从此崛起于世界文坛之林。

席勒比歌德小 10 岁，他于 1759 年 11 月 10 日出生于德国符腾堡的小城马尔赫尔的贫穷市民家庭。他的父亲是军医，母亲是面包师的女儿。童年时代，席勒就对诗歌、戏剧有浓厚的兴趣。9 岁时，他被送进拉丁语学校，但是在 14 岁的时候，他被公爵强制选入其创办的"奴隶养成所"——军事学校，接受严格的军事教育。

在军事学校学习期间，席勒逐渐形成了自己的反专制思想。他结识了心理学教师阿尔贝，并在其影响下接触到了莎士比亚、卢梭、歌德等人的作品，这促使席勒坚定地走上文学创作的道路。1776年，席勒开始在杂志上发表一些抒情诗。后来，他偷偷地创作了剧本《强盗》，在扉页上写下了"打倒暴君"等字样。十多年后，这部剧本才圆满完成。1782年初，《强盗》在曼海姆上演，引起了巨大的反响，一时间好评如潮。《强盗》取得成功之后，席勒的创作进入了生命中的旺盛时期。他先后创作了诗剧《唐·卡洛斯》、悲剧《阴谋与爱情》以及诗歌《欢乐颂》等。

《阴谋与爱情》与歌德的《少年维特之烦恼》同是"狂飙突进"运动最杰出的成果。这部悲剧揭露上层统治阶级的腐败生活与宫廷中尔虞我诈的行径，无论在结构上还是题材上都是德国文坛悲剧的典范。

1786年，席勒前往魏玛。第二年，在歌德的举荐下，他担任耶拿大学历史教授。后来，在与歌德的交往中，席勒又开始执笔进行文学创作。这一时期，他创作了重要剧作《华伦斯坦三部曲》《奥尔良的姑娘》《威廉·退尔》等，他还和歌德合作创作了很多诗歌，并创办文学杂志、魏玛歌剧院。席勒和歌德合作的这段时间被称为德国文学史上的"古典主义时代"。

1805年5月，46岁的席勒因患肺结核去世。歌德为此痛苦万分，"我失去了席勒，也失去了我生命的一半。"歌德去世后，按照他的遗愿，他被安葬在席勒的遗体旁。一对好友生死相依的真挚情谊，成为千古美谈。

> **学海拾贝**
>
> 1959年，贝多芬第九交响曲在中国首演，《欢乐颂》由此广为人知。贝多芬在创作第九交响曲的第四乐章中引进了人声，采用了席勒《欢乐颂》里的部分诗节作歌词。这些声乐曲和管弦乐交织在一起，形成一个庄严崇高、雄伟瑰丽的交响乐章。

↓席勒和歌德的表演

第四章 Di-si Zhang

从浪漫主义文学到现实主义文学

Cong Langman Zhuyi Wenxue Dao Xianshi Zhuyi Wenxue

由于法国大革命的影响,欧洲的思想界处于巨变时期。启蒙文学"理性原则"的理想破灭了,抒发个性扩张欲望的浪漫主义文学思潮成为欧洲的新主流。19世纪30年代后,随着资本主义的发展,浪漫主义文学主观的空幻想象和抽象的抗议已经无济于事,一种以真实描写社会现实、批判社会弊病的现实主义文学逐步成为文学的主流,它被称为"批判现实主义"。

世界儿童文学的珍宝 《格林童话》

格林兄弟是19世纪德国民间文学研究者,德国语言学的奠基人。他们因《格林童话》而成为世界各国家喻户晓的人物。时至今日,美丽的白雪公主、善良的灰姑娘等已经成为全世界少年儿童喜爱的经典形象。

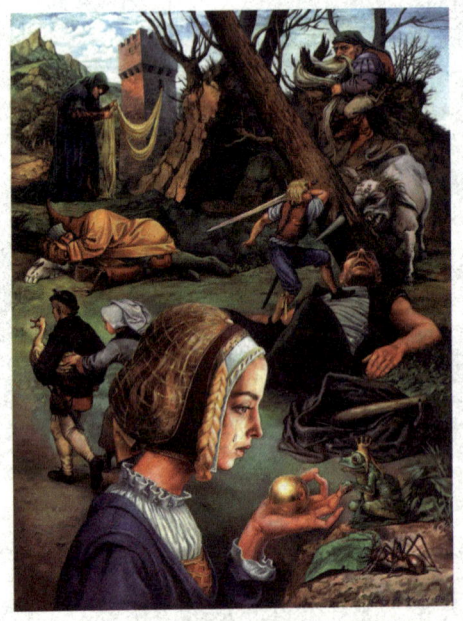

↑《格林童话》中的插图

1859年12月的一天,74岁的威廉·格林因为疾病离开了人世,他的遗体被安葬在柏林市马太教堂墓地。他的哥哥雅各布·格林非常悲痛,久久地伫立在墓前……就在弟弟威廉去世4年后的一个秋天,雅各布也随弟弟而去。他的墓紧挨着弟弟威廉而建。

这兄弟俩就是蜚声世界的格林兄弟。在七十多个春秋寒暑中,他们患难与共,携手在文学之路上艰辛跋涉,终于编著成了著名的童话集——《格林童话》。他们还是德国民间文学研究家、语言学家和历史学家,著有《德语语法》《古代德国法律》《德国语言史》,以及没有完成的《德语词典》。

格林兄弟出生于德国美因河畔的哈瑙市,哥哥雅各布只比弟弟威廉大1岁。他们的父亲是当地的行政司法官,在兄弟俩还不满10岁时,就因病去世了。这使一家人的生活一下子陷入困顿,在他们姨妈的资助下,格林兄弟在卡塞尔入学,并于1802

年~1803年，兄弟俩相继成为名校马尔堡大学法律系的学生。

在大学里，格林兄弟初次拜读歌德、席勒等大师的名著，对古典文学有了最初的了解，产生了浪漫主义思想的倾向。1830年，格林兄弟同时担任哥廷根大学教授。后来，因对皇权的不屑，使他们失去了教授职务。1841年，格林兄弟担任柏林科学院院士、柏林大学教授，直至去世。

早在1806年初，格林兄弟就开始着手搜集民间童话。就在这一年，拿破仑占领了德国的大部分地区。这段时期，德国文化正处于鼎盛时期，在文学界有歌德，音乐界有贝多芬。在浓厚的民族意识熏陶下，人们逐渐对日耳曼民族的历史、神话、传说，甚至乡野故事都产生了浓厚的兴趣。格林兄弟在工作之余四处奔走，收集那些充满魅力的童话。兄弟俩搜集整理了几十年，终于于1812年~1857年出版了《儿童与家庭童话集》。这本书就是后来脍炙人口的《格林童话》，它包括221篇童话故事，其中不少故事反映了日尔曼民族的真诚幽默和机智勇敢，故事情节曲折，叙述朴素，语言极富诗意。这些童话如同一股从森林中吹来的风，带着清香和浓郁的浪漫。美丽善良的白雪公主和七个小矮人，贪婪的狼外婆和天真可爱的小红帽，为丢失水晶鞋而哭泣的灰姑娘……这些美丽而极富哲理的童话故事，很快就受到了人们的欢迎，并广为流传。

如今，一百多年过去了，《格林童话》已成为世界儿童文学的珍宝，被译成各国文字多次出版，受到全世界孩子的喜爱。

↑哈瑙市市政厅大楼前格林兄弟的雕塑

学海拾贝

1830年时，哥廷根大学属汉诺威王国管辖。1837年，新国王奥克斯特即位，他刚愎自用、专横跋扈，对于较开明的宪法不予理会。格林兄弟联合了5位教授联名提出抗议。结果，他们失去了教授职务，并被逐出公国。这就是历史上著名的"哥廷根七君子"事件。

荡涤心灵的语文故事

51

伟大的时代歌手 海涅

在德语近代文学史上,海涅是继歌德和席勒之后最杰出的诗人、散文家和思想家。他不仅擅长诗歌、游记和散文的创作,还撰写了不少思想深邃、风格独特的文艺评论,给后世留下了一笔丰富、光辉而宝贵的精神财富。

1797 年12月13日,海涅出生在德国杜塞尔多夫市一个犹太商人的家庭里。父亲经营呢绒生意失败,家道中落;母亲是一位医生的女儿,温柔贤淑,富有教养,喜好文艺。在她的影响下,海涅很小的时候就对文学产生了兴趣,15岁时写了他人生的第一首诗。

海涅的童年和少年时期经历了拿破仑战争。1819年~1823年,海涅先后在波恩大学和柏林大学学习法律和哲学,并开始了文学创作。1821年~1830年,海涅曾到德国各地和波兰、英国、意大利旅行。1822年,海涅出版第一部《诗集》,次年又出版《抒情插曲》。1827年,他把早期抒情诗汇集在一起出版,引起了轰动,奠定了海涅在文坛上的地位。这些诗直到现在仍然受到人们的喜爱。海涅这个时期的抒情诗和游记,大多抒写他个人的经历、感受、憧憬,感情真挚,语言优美,具有明显的浪漫主义色彩。

1830年,法国爆发七月革命,海涅深受鼓舞,决定前往巴黎。在巴黎,他结识了大仲马、贝朗瑞、乔治·桑、巴

↓海涅

52

尔扎克、雨果等作家和李斯特、肖邦等音乐家，并与空想主义者圣西门的信徒交往，也受到这方面的影响。这时期他写了《论德国宗教和的历史》和《论浪漫派》两本著作。为了和激进派诗人内容空洞的"倾向诗"进行斗争，他写了长诗《阿塔·特罗尔，一个仲夏夜的梦》。

1843年底，海涅和马克思在巴黎结识。这个时期，他的诗歌创作达到了新的高峰，他发表了《新诗集》，其中包括一部分以《时代的诗》命名的政治诗和长诗《德国，一个冬天的童话》。这些诗歌在思想内容和艺术两方面都取得很高的成就，成为1848年革命前夕时代的最强音。

↑ 海涅几乎在身体瘫痪的情况下，向秘书口授诗歌和文章。

特别是在《德国，一个冬天的童话》写作成功以后，海涅开始了他文学生涯的第四个阶段。在这个阶段，他写了大量如投枪匕首般锋利尖锐的"时事诗"，如被誉为"德国工人阶级的马赛曲"的《西里西亚的纺织工人》等，对各式各样的反动势力进行无情的揭露和讽刺。

与早年的抒情诗相比，海涅这一时期的作品已发生了质的变化，不再是抒发个人喜怒哀乐的低吟浅唱，而成了战场上震撼心魄的鼓角和呐喊。

1848年2月，巴黎爆发革命的同一个月，海涅的身体垮了。在几乎瘫痪的情况下，他在自己命名的"床褥坟墓"中度过了八年。由于此时他已经无法自己书写，他就向秘书口授诗歌和文章。这样，在1851年10月，他出版了诗集《罗曼采罗》，1854年出版了他的政治遗言《卢苔齐娅》。

1856年2月17日，海涅去世了。他的作品中的浪漫主义色彩和民歌气息，树立了其在德国文坛的地位。

学海拾贝

海涅早期的一些诗歌被多次配上曲调，如在舒曼的歌曲集《诗人之爱》中浪漫的、常带有民歌风情的风格，不仅仅打动了当时读者的心，那些诗歌，如《美丽的五月》《一个少年爱一个少女》，至今仍然能拨动今众多读者的心弦。

法国现实主义文学奠基人 司汤达

司汤达是 19 世纪法国杰出的批判现实主义作家，他以准确的人物心理分析和凝练的笔法而闻名，他的传世名作《红与黑》是法国批判现实主义文学的奠基之作，人们因此称司汤达为"现代小说之父"。

1828 年初的一天，法国的《法庭公报》连续刊登了一桩正在审理的刑事案件。这桩案件说的是马掌匠的儿子安托万·贝尔德因身体瘦弱不适合体力劳动，而被村上头面人物设法帮助进入教会。当地的本堂神父收留了他，教他学文化，后因患病中断学习。经一位神父介绍，他给米肖先生的儿子做家庭教师，和米肖夫人发生了恋情，因而被米肖先生扫地出门。此后，他就再也没有找到工作。他把自己的厄运归罪于米肖夫妇。在一个星期天，他潜入教堂，向米肖夫人和自己连开两枪，两人都倒在血泊中。

↑ 司汤达

这桩案件引起了年轻人亨利·贝尔的兴趣，他随之以这桩案件为题材，完成了世界名著《红与黑》。这个叫亨利·贝尔的年轻人就是后来的大作家司汤达。

1783 年 1 月 23 日，司汤达出生于法国格勒诺布尔市一个律师家庭。他的父亲守旧，仇视革命。因此，司汤达憎恨父亲的冷酷和贪财，父子间一直不和。7岁时母亲去世，司汤达的童年变得惨淡无光。从此，形同孤儿的司汤达一直就和外祖父生活在一起。他的外祖父是一个医生，思想特别开放，是卢梭和伏尔泰的信徒，司汤达在这里受到启蒙思想和文学艺术的熏陶。

↑《红与黑》中的插图

后来，司汤达跟随拿破仑抵达意大利的米兰。此后司汤达一生中的大部分时间都在米兰度过。拿破仑帝国覆灭后，司汤达脱下戎装，开始了他的文学创作生涯。

《红与黑》是司汤达的代表作，写于1828年，当时司汤达已经45岁。这部小说围绕主人公于连个人奋斗与最终失败的经历，广泛展现了19世纪最初30年间压在法国人民头上的历届政府所形成的社会风气，反映了当时巴黎社会生活的方方面面。这部小说开创了后世"意识流小说"和"心理小说"的先河，自问世以来，赢得了世界各国一代又一代人的喜爱。作品所塑造的"少年野心家"于连是一个具有高度典型意义的人物形象，已成为个人奋斗的野心家的代名词。

然而在当时《红与黑》却没有引起社会足够的重视，后来，司汤达还创作了许多优秀的作品，如长篇小说《巴马修道院》《吕西安·娄万》（又名《红与白》），长篇自传《亨利·勃吕拉传》等。

1841年4月23日清晨，司汤达因病去世。他被葬在蒙马特墓地，墓碑上写着：米兰人亨利·贝尔长眠于此，生活过，写作过，恋爱过。

学海拾贝

虽然司汤达是以长篇小说闻名于世的，但是他的短篇小说也写得十分精彩。其代表作《瓦尼娜·瓦尼尼》《艾蕾》（直译为《卡斯特罗修道院长》）等，写得生动传神，脍炙人口，堪称世界短篇小说花园里的奇葩。

天才诗人 拜伦

拜伦是 19 世纪英国最杰出的浪漫主义诗人，在奔放绚丽的浪漫主义文苑诗坛上，他是一位天才诗人；在如火如荼的民族解放运动中，他又是为民主和自由而战的坚强斗士。

↑ 拜伦

1788 年 1 月 22 日，天才诗人拜伦出生于英国伦敦一个古老没落的贵族家庭。拜伦很小时，父亲就去世了，他的母亲由于婚姻不幸也变得暴躁孤僻、性情乖戾。拜伦长相英俊、天资聪颖，但天生微跛，这一直让他耿耿于怀。生理上的残疾和家庭的不幸，使拜伦从小就忧郁、内向、倔强而又同情弱小。

10 岁时，拜伦继承了伯祖父的男爵爵位和一些领地，跟随母亲移居英格兰中部城市诺丁汉郡。18 世纪末的诺丁汉是英国的工业中心，这里有不少中世纪遗迹，流传着罗宾汉的传说。世纪之交，这里又成为英国工人运动中心之一。

1805 年，17 岁的拜伦进入剑桥大学。他酷爱历史、哲学和文学，并接受了法国的启蒙思想，开始写诗。在剑桥大学期间，他虽过着贵族子弟的时髦生活，却对这种生活感到厌恶。在抒情诗《我愿作无忧无虑的孩子》中，拜伦真实地反映了他这一时期的思想。剑桥大学毕业后，他在上议院获得了世袭的议员席位。这份轻松的工作有着优厚的待遇，使他可以去南欧和西亚旅行。在旅行途中，他亲眼目睹了西亚各国反对民族压迫、争取自由和追求解放的斗争。他的著名长诗《恰尔德·哈洛尔德游记》前两章就是这次旅途的丰硕果实。

就在拜伦旅行归来时，国内"卢德运动"正逢高涨时期，英国政府制定了《保障治安法案》，对"卢德运动"进行血腥镇压。拜伦发表讽刺诗愤怒地反对法案。4年后，他又完成了让英国政府为之震动的一组通常称之为"东方故事诗"的传奇作品，使整个英国出现了一股"拜伦热"。由于他的诗歌创作和政治立场一直有反对暴政的倾向，英国政府对他大肆攻击，诽谤迫害。一气之下，拜伦便离开了英国，从此再也没有回国。

离开英国后，拜伦在瑞士与雪莱相遇，雪莱的乐观和对理想的执著向往深深地感染了拜伦，从而完成了号召人民起来反抗专制统治的《普罗米修斯》。后来在意大利期间，拜伦创作了他最好的作品，包括《曼弗雷德》和《唐璜》的第一章，他的名字在当时响彻了整个欧洲。诗体小说《唐璜》是一部未完成的长篇叙事诗，被哥德称赞为"绝顶天才之作"。它所涉及的主题非常丰富，以欧洲文明为鞭笞对象，涉及爱情、教育、游览、战争、宗教及时事政治等主题，主要揭露欧洲的反动势力。长诗气势宏伟，意境开阔，见解高超，在英国乃至欧洲文学史上都是罕见的。

1823年初，希腊反抗土耳其的斗争极为高涨。拜伦毅然前往希腊，参加希腊民族解放运动，结果染上了热病，于1824年初离开了人世。

《阿比道斯的新娘》中的插图

拜伦之死

学海拾贝

《恰尔德·哈洛尔德游记》是拜伦的代表作之一，是拜伦两次游历欧洲的诗体记录。全诗主要通过贵族青年恰尔德·哈洛尔德的游历，抒发了拜伦在旅途中的见闻和感受，描述了欧洲19世纪初叶的重大历史事件。

英国浪漫主义诗人 雪莱

雪莱是英国卓越的积极浪漫主义诗人。他和声名显赫的拜伦,被公认为是19世纪英国诗坛的两颗巨星。雪莱在诗歌中表达了当时欧洲最先进的思想,被马克思和恩格斯赞誉为"真正的革命家"和"天才的预言家"。

1792 年8月4日,雪莱出生于英国苏萨科斯郡一个古老的贵族家庭。8岁时,雪莱就开始尝试创作诗歌。12岁那年,雪莱进入伊顿公学,在那里他受到学长及教师的虐待,在当时的学校里这种现象十分普遍,但是雪莱并不像一般新生那样忍气吞声,他公然进行反抗,而这种反抗的个性如火般燃尽了他短暂的一生。

1810年,18岁的雪莱进入牛津大学,深受英国自由思想家休谟以及葛德文等人著作的影响,1811年3月,由于散发《无神论的必然》,入学不足一年的雪莱被牛津大学开除了。后来他来到爱尔兰,支持人民斗争,并发表演说,散发《告爱尔兰人民》小册子。

1813年,雪莱出版第一部长诗《仙后麦布》,批判专横的封建统治,宣扬了他空想社会主义的理想,遭到统治阶

↑雪莱

级迫害，于1814年被迫出国，到意大利和瑞士，与拜伦结为知己。1816年，英国法庭剥夺雪莱教育前妻所生子女的权利，雪莱被迫于1818年永远离开英国，定居意大利，但仍密切关注祖国的政治形势。

↑ 雪莱的葬礼

雪莱定居意大利前后创作力最为旺盛。长诗《伊斯兰起义》塑造了革命者莱昂和茜丝娜的形象。他们领导民众，推翻暴君，但暴君卷土重来，杀害了这对情侣。长诗写于法国革命遭受挫败之后，以鹰与蛇的搏斗象征善与恶、光明与黑暗的斗争，旨在鼓吹革命必将最终胜利，唤起人民对人类解放的信念。

著名长诗《解放了的普罗米修斯》对古希腊神话作了新的处理。被锁住的普罗米修斯不肯向暴君低头，最后依靠大自然的力量获得了自由。这首长诗富于象征意义，展望了未来的世界。

雪莱著名的诗篇《西风颂》以西风扫落叶象征革命力量扫荡反动统治。诗篇结尾的预言："西风哟，如果冬天已经来到，春天还会遥远？"表达了他对未来的革命的乐观态度。

雪莱还写了大量优美的抒情诗，如《云》《致云雀》《致月亮》《悲歌》等。雪莱最后一部作品是献给反对土耳其统治的希腊人民的抒情诗剧《希腊》。

1822年7月8日，雪莱乘坐自己建造的小船"唐璜"号从莱杭渡海返回勒瑞奇途中遭遇风暴，小船倾覆，雪莱以及同船的两人无一幸免。后来根据当地法律规定，雪莱的遗体被火化。次年1月，雪莱的骨灰被带回罗马，葬于一处他生前认为最理想的安息场所。

学海拾贝

雪莱还写了不少密切结合英国人民斗争的政治抒情诗，《暴政的行列》抨击政府对要求取消"谷物法"的群众进行镇压，《致英国人之歌》《1819年的英格兰》和《致自由主张者的颂歌》表达了诗人对专制统治的仇恨并号召人民起来战斗。

法国大文豪 雨果

在19世纪这个造就伟人的世纪，雨果是璀璨群星中最闪亮的一颗，他的文学成就超越时空，光耀历史。他的作品无论是从体裁的驾驭上，还是对事物的观察、分析上都成为文学中无与相媲的巨人。

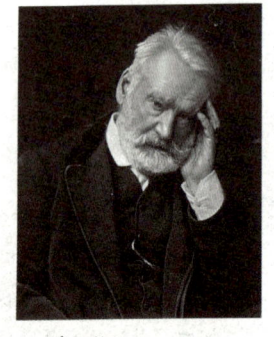

↑ 雨果

1802年2月26日，雨果出生于法国南部的欠尚松城，祖父是木匠，父亲是共和国军队的军官，曾被拿破仑的哥哥西班牙王约瑟夫·波拿巴授予将军衔，是这位国王的亲信重臣。雨果很小的时候，就对文学表现出了独特的敏感，对拉丁文和西班牙语的熟悉速度更是异于常人。在崇尚"自由教育"的母亲的指导下，雨果阅读了大量伏尔泰、卢梭、狄德罗等人的作品，给他日后为自由而战作了理论铺垫。

1814年，12岁的雨果开始接受正规的学校教育。在学校里，他的诗歌创作得到了学监毕斯卡拉的赞赏。1820年，年轻的雨果以出色的诗歌作品荣获了法国著名学府图卢兹学院的金百合花奖和金鸡冠花奖，而且还成为了学院中最年轻的院士。

1822年，雨果的第一部书《短歌集》出版，诗集的一版再版让雨果名利双收。几年之后，他完成了一部献给父亲的剧本《克伦威尔》，并为这本书撰写了序言。后来，由于作品的篇幅过长而没有搬上银幕，但这本书的序言却引起了强烈的反响。在序言中，雨果阐明了他的选择和立场，旗帜鲜明地向古典主义展开全面进攻，这成为了浪漫主义运动的宣言。此后，他又发表了著名的诗集《东方集》，在画家和艺术家中引起了巨大轰动。1830年，雨果的悲剧《欧那尼》上演，该剧在法兰西剧院连演 100 场，场场爆满。《欧那尼》的巨大成功，成为浪漫主义最后战胜古典主义的标志。

1834 年，雨果的小说《巴黎圣母院》轰动了整个欧洲文坛，它甚至对法国的建筑艺术也产生了深远影响，主人公加西莫多、爱丝米拉达成为经典的艺术形象。1845 年～1848 年，雨果倾注全部精力来创作《悲惨世界》，但是后来由于战乱、流亡等原因，这项工作被迫停止。直到 1860 年，雨果对这部小说又开始了新一轮的创作，一年之后，他终于完成了这部杰作。比利时书商阿贝尔·拉克卢瓦以 30 万法郎买下了此书 12 年的版权。《悲惨世界》共分 5 个部分，仿佛一部气势恢弘的史诗，是浪漫主义与现实主义的交融体。

晚年，雨果除发表《村园集》《祖父乐》《精神四风集》等诗集外，还创作了长篇历史小说《九三年》，该作品真实地表现出革命与反革命之间的残酷斗争。

1885 年 5 月 18 日，雨果染上了肺炎，肺部充血，病情严重，5 月 22 日下午 1 时 30 分，这位崇尚"自由、平等、博爱"的文坛巨星陨落。在弥留之际，他为世人创造了最后的佳句："人生便是白昼与黑夜的斗争。"

↑ 雨果的出生地

学海拾贝

《悲惨世界》对法国拿破仑帝国后期到七月王朝初期的社会历史作了细致入微的描绘，深刻揭露了资本主义社会的黑暗和贫苦民众受压迫的状况。小说中塑造了几百个形形色色的人物，每个人物的身份、性格、生存的环境甚至信仰都迥然不同。

法国浪漫主义诗人 缪塞

缪塞是法国浪漫主义作家，早期受雨果影响，曾加入浪漫主义文社。缪塞的诗热情洋溢，想象丰富，而且比其他浪漫主义诗人更注重诗句的形式美，其语言丰富多彩，形象生动，富有音乐感。

缪塞是19世纪法国浪漫主义的四大诗人之一，他于1810年诞生在一个贵族家庭，14岁开始写诗，1829年出版第一本诗集《西班牙和意大利故事》，从而崭露头角。

《西班牙和意大利故事》是一部充满了荒唐故事的诗集。在这本诗集中，没有成熟，没有健康，只有一种充满青春活力的、炽热沸腾的、令人难以置信的生命的强度，同时也有对古典主义的清规戒律的嬉笑怒骂。

↓缪塞

1833年，缪塞的长诗《罗拉》问世，序言的开始就是那著名的憧憬，憧憬往昔的哀悼，憧憬清新而美丽的古希腊，憧憬那具有纯洁渴望和炽热信仰的古代基督教世界。故事的主人公罗拉是巴黎这座城市中最放荡的青年，他轻视每件事、每个人，虽然并不富有，却贪恋着骄奢淫逸的生活，最终自杀而亡。缪塞在这部作品中表现出的冷漠和目空一切的厌世态度与他的个性及他早期的经历有关。他曾经遭到一个情人的遗弃，一个朋友的背叛。这种上当受骗对他无疑是一个沉重的打击，从此产生出来的是不信任感、刻毒和轻蔑。

《罗拉》是缪塞诗歌创作的分水岭。在这之前，缪塞的诗热情明丽，想象丰富，充满了活力和希望。从《罗拉》开始，缪塞的诗风发生了变化，他一反前期的那种乐观精神，诗中开始流露出悲观失望和迷茫不安的心情。这一年，缪塞结识了女作家乔治·桑，从此开始了悲喜交加的感情历程。这段爱情插曲对缪塞的人生和创作影响极大，缪塞的重要诗篇基本上都是在这一时期写成的，如抒情诗《四夜》《露西》及《出版法》等。

　　1835年~1841年，缪塞写成最著名的抒情诗《四夜》，即《五月之夜》《十二月之夜》《八月之夜》和《十月之夜》。文学史家们都把它们统称为"四夜组诗"。

　　《四夜》标志着缪塞抒情诗创作的最高峰，它以流畅优美的诗句呈现出诗人情感高涨时的原始状态，真诚自然地体现了诗人内心深处的复杂感情。《四夜》被列为法国浪漫派抒情诗的杰作。

　　1836年，缪塞完成代表作自传性长篇小说《一个世纪的忏悔》，描写作者与法国女作家乔治·桑的爱情纠葛，反映19世纪30年代法国青年知识分子的思想危机。另外，缪塞也创作了许多短篇小说，还有诗剧《酒杯与嘴唇》、长诗《罗拉》、历史剧《洛郎查丘》等，大都描绘对社会现实不满而又找不到出路的个人主义者的悲剧。

　　缪塞于1857年去世，年仅47岁。缪塞不仅是浪漫派中最有才华的诗人，其戏剧作品也大大地促进了法国浪漫主义戏剧运动。

↑ 缪塞的公墓

学海拾贝

　　尽管缪塞的戏剧和小说反映社会生活不够全面，但是抒发个人情感，真实刻画了法国某些阶层的生活及心态，颇具时代色彩。特别是他描写的"世纪病"，在今天看来，仍然可以感觉到当时某些人物的精神面貌，他们的彷徨与苦闷。

荡涤心灵的语文故事

天才小说家 大仲马

大仲马是法国 19 世纪积极浪漫主义作家，以小说和剧作著称于世。他的小说大都以主人公的奇遇为内容，情节出人意料，堪称历史惊险小说，最著名的是《三个火枪手》和《基督山伯爵》。

1802 年 7 月 24 日，大仲马诞生在法国北部埃纳省的维莱科特雷镇。他的父亲是法国一位著名的将军。在他 4 岁时，父亲就离开了人世，他的童年一度在穷苦的生活中度过。

10 岁前，母亲引导他读完了《圣经》《鲁滨孙漂流记》以及自然科学家布封的《自然史》等书籍。在阅读中，他喜爱上了文学。在随后的 8 年时间里，他读了许多历史、政治书籍和国内外文学名著。

1825 年初，23 岁的大仲马只身来到了巴黎。他在一个公证人事务所当一名见习生，第二年又到奥尔良公爵办公室当抄写员。在这段时间里，他充分利用业余时间，博览群书。每天晚上，他总是一两点钟睡觉。这些知识的积累，为他日后的多产创作奠定了坚实的基础。

19 世纪的法国，正处于波旁王朝复辟的黑暗时期。大仲马非常仇视封建贵族，他在观看了伦敦的剧团在巴黎演出的莎士比亚戏剧以后，感到"精神上受到强烈的震

↑ 大仲马

撼"。紧接着，他就写出了剧本《亨利三世及其宫廷》。这部戏剧描写了16世纪宗教战争期间，国王和反动贵族之间的互相倾轧，是法国第一部突破古典主义传统的浪漫主义戏剧。这一伟大贡献奠定了大仲马浪漫主义戏剧家的地位。

1844年，大仲马开始对历史题材感兴趣，他创作的历史小说《三个火枪手》（又译《三剑客》）问世后，获得了巨大成功，为他奠定了历史小说家的声誉。

长篇小说《基督山伯爵》完成于1845年。早在1842年春，大仲马旅居意大利佛罗伦萨期间，曾到尼尔巴岛旅行，拿破仑当年在这座孤岛上被流放时所有的遗迹给他留下了深刻的印象。他从岛上遥望基督山，便产生了一个愿望：要写一部长篇小说纪念这次旅行，小说名字就叫《基督山伯爵》。

这是一部脍炙人口的小说，写了一个报恩复仇的故事：主人公遭人嫉妒，被告密下狱，在囚牢里度过了漫长的14年。他按照狱友提供的线索，找到了宝库，成为亿万富翁，改名基督山伯爵，对有恩于他的船主摩莱尔报恩，并一一惩罚了他的仇人。这部小说淋漓尽致地揭露了资本主义社会人与人之间勾心斗角、尔虞我诈的社会风气和金钱关系。小说出版后，获得巨大成功，使大仲马赢得了更高的声誉。

后来，大仲马还创作了众多小说和戏剧。但是，在他生命的后期，由于文思枯竭，他的作品再也没有产生过轰动。

1870年12月5日，大仲马因病离开了人世，但他在法国文学史上却永远闪烁着熠熠光辉。

← 《基督山伯爵》中的插图，描绘的是主人公埃德蒙·唐戴斯在基督山岛发现宝藏。

学海拾贝

大仲马是一位高产作家，写作速度之快，发表作品之多，令人惊讶。据说，他仅一年就出版了40余部单行本，这在世界文学史上恐怕也是绝无仅有的。他的文学作品没有人能说出确切的数字，最保守的统计为戏剧90部，小说150部。

↑ 《基督山伯爵》荷兰文版封面

现实主义剧作先驱 小仲马

小仲马是 19 世纪法国著名的小说家、剧作家，著名小说家大仲马之子。蜚声世界的长篇小说《茶花女》是小仲马第一部名震文坛的力作，也是世界上流传最广的名著之一。

↑ 小仲马

任何成功者的背后都不是一帆风顺的，《茶花女》的作者小仲马在出名之前就总是碰壁。他都记不清自己投了多少次稿子，每次总是杳无音信。

一天，他的父亲大仲马对他说："以后每次寄稿时，随稿给编辑先生附上一封短信，或者只说一句话'我是大仲马的儿子'，情况也许就会好多了。"

小仲马却拒绝了，而且为了不让别人知道自己是大仲马的儿子，还为自己取了几十个笔名。后来，当他的长篇小说《茶花女》寄出后，一位资深编辑终于被其绝妙的构思和精彩的文笔震撼了。事隔很久，这位编辑才得知，《茶花女》的作者竟是大仲马的儿子小仲马。他问小仲马说："先生，您为何不在稿子上署上您的真实姓名呢？"

小仲马说："我只想拥有真实的高度。"正是这种自立自信的性格成就了小仲马，使他后来一举成为当时法国著名的作家。

小仲马生于 1824 年，是著名作家大仲马和一个女裁缝的私生子，直到 7 岁时大仲马才认他做儿子。私生子的身世使小仲马在少年时代受尽世人的讥诮，对他一生产生了深刻影响，因此他后来的文学创作大多以探讨社会道德问题为主题。

1844 年 9 月，22 岁的小仲马对巴黎名妓玛丽·杜普莱西一见钟情。玛丽出身贫苦，流落巴黎，因生活所迫做了妓女。两人在交往中，成为知己。虽然玛丽也很珍视小仲马的感情，但为了维持生活，她不得不与阔佬们保持来往。小仲马对此非常生气，便写了一封绝交信离开了法国。几年后，小仲马回国，但这时23岁的玛丽已经不在人世，据说在她病重时，昔日的追求者都弃她而去，死后送葬的只有两个人。残酷的现实生活深深触动了他，小仲马满怀悔恨和思念，从此将自己囚禁起来，开始创作《茶花女》。

一年后，长篇小说《茶花女》问世，轰动了整个法国，小仲马一举成名。尽管上流社会恼怒地批评说这部作品"低级下流"，但更多的人们则被真切感人的故事所征服。《茶花女》再现了小仲马同玛丽·杜普莱西的一段爱情。作品艺术表达上独特新颖，情节扣人心弦，洋溢着浓烈的抒情色彩和悲剧气氛，感人至深，让人不忍释卷。

后来，小仲马又把小说改编为剧本。无论是剧本还是小说，《茶花女》很快就跨越国界，流传到欧洲各国。

小仲马一生写了两部小说和十几部剧本，但却只有《茶花女》经久不衰，传遍了世界的每一个角落，但这也足以使小仲马取得如父亲一样的盛名。人们所津津乐道的"大小仲马"成为法国乃至世界文坛罕见的"父子双璧"奇观。

↑《茶花女》

←《茶花女》中的插图

学海拾贝

1852年，五幕剧《茶花女》上演了，整个剧场座无虚席，演出大获成功。当小仲马将《茶花女》演出大获成功的消息告诉父亲时，大仲马骄傲地说："你是我一生最好的作品！"

充满传奇色彩的女作家 乔治·桑

乔治·桑,法国女小说家,她的一生充满传奇色彩,她的作品经久不衰。雨果曾说:"她在我们这个时代具有独一无二的地位。特别是其他伟人都是男子,唯独她是女性。"

乔治·桑原名露西·奥罗尔·杜邦,1804年7月1日出生于巴黎一个贵族家庭,在法国诺昂乡村长大。她的父亲是拿破仑时代的军官,母亲则出身于平民家庭。父亲在她4岁时不慎堕马而死。她从小由祖母抚养,在乔治·桑的培养上,她的祖母煞费苦心,乔治·桑也没有令祖母失望,很小的时候就表现出卓尔不群的写作天赋。

18岁时,乔治·桑在对家庭生活的梦幻憧憬中,嫁给了一个贵族青年,成为男爵夫人。但她很快就无法忍受丈夫的平庸,于是1831年,在"离婚"还没出现在社会生活词典中时,她坚决与丈夫分居。这一惊世骇俗的举动被当时19世纪的法国社会所不容,因此,她带着一双儿女弃家出走,到巴黎开辟新的生活。

↓乔治·桑和他的朋友

乔治·桑蔑视传统,崇尚自由,她经常乔装成男性出入各种社交场合,尤其是出席一些禁止女性参加的集会。这一举动在19世纪的上流社会被视为异类。为了在巴黎能够生存下去,她开始勤奋笔耕。

1832年,就在七月革命后不久,她第一次以"乔治·桑"

这一男性笔名发表了第一部长篇小说《安蒂亚娜》。从此，她一发而不可收，完成了一部部文笔秀美、内容丰富的风情小说，为严肃有余、温婉不足的19世纪法国文学注入了清新的空气，她也很快成为法国文坛声名大噪的人物，并以此确立了自己在法国文学史上的地位。

这一时期，是乔治·桑一生中创作精力最旺盛的时期。从1833年~1836年，她相继发表《莱丽娅》《雅克》和《莫普拉》。这些小说都是以作家早年的感情生活为基础写的，表达作者对爱情的感受与观点。乔治·桑的作品从一开始就具有显著的浪漫主义元素，她认为爱情就是生命，应克服一切偏见和习俗，摆脱一切羁绊和束缚。

↑乔治·桑

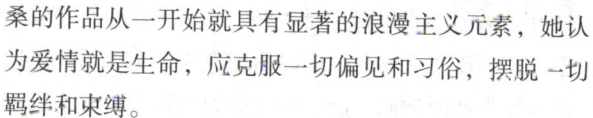

《魔沼》是乔治·桑田园小说的代表作，完成于1846年。这篇小说写了一个非常朴实的充满诗意的爱情故事，文字清丽流畅，是乔·治桑独具风格的中篇杰作。

乔治·桑是一位多产作家，她一生写了100卷以上的文艺作品、20卷的回忆录《我的一生》以及大量书简和政论文章。她的小说多以爱情为主题，赞颂劳动者，贬斥贵族和富人。

晚年的乔治·桑热情好客，人们经常可以看到，在诺昂乔治·桑的庄园里，一大批名留青史的人物聚在这里，他们中间有圣勃夫、米什莱、福楼拜、小仲马和巴尔扎克等。1876年，乔治·桑在诺昂的庄园里去世，享年72岁。

学海拾贝

1836年冬天，乔治·桑结识了比她小6岁的波兰音乐家肖邦。经过多次9交往，纤弱浮华而又儒雅大方肖邦竟然坚定不移地爱上了乔治·桑。从此以后，两人在一起生活了十余年。这一浪漫爱情使得作为作家的乔治·桑的人生更富传奇色彩。

俄罗斯文学之父 普希金

19世纪俄国有一位伟大的诗人普希金,他的人生就像他写的诗歌一样浪漫传奇、波澜壮阔;他的诗篇乐观向上,热情地歌唱自由和爱情,在黑暗中照亮了俄国人民的未来,他因此被誉为"俄罗斯诗歌的太阳"。

1799年6月6日,普希金诞生在莫斯科一个落没的贵族家庭,他的父亲热爱诗歌艺术,母亲是一个混血儿,普希金的童年是在一个充满文学气息的氛围中度过的。

1801年,俄国新沙皇亚历山大一世上台,他吸取前任沙皇的教训,开办了一些新的高等学校,欧洲思潮和文学思潮大量涌入。1811年,普希金在皇村中学上学,接受了进步教师所传播的先进思想,并逐渐形成自己的政治观点和文学观点。在校期间,普希金经常和同学们一起写诗,成为公认的最有才华的诗人,此间他发表了第一篇诗作《致诗友》。

毕业后,普希金被分配到外交部任职。但他无意仕途的腾达,一心扑在了文学创作上,写了一系列的政治抒情诗。《自由颂》是他这一时期的著名作品,但在当时并未发表,因为里面有让沙皇不满和仇恨的诗句,不过它以手抄本的形式在社会上广为传诵。

1818年,普希金创作了一首著名的政治抒情诗——《致恰达耶夫》。这首诗是献给皇村中学时结交的挚友恰达耶夫的。诗中充满了爱国主义激情,它所表达的已不再是诗人个人的情感,而是一代革命青年的共同心声。

↑ 普希金

由于普希金的政治抒情诗在社会上产生了巨大影响，以及他写的一些影射沙皇和宠臣的讽刺短诗引起了当局的注意，他被流放到了南方。4年的流放生活唤起了他强烈的创作欲望。其中《高加索的俘虏》《强盗兄弟》《巴赫契萨拉依的喷泉》是他浪漫主义诗歌的杰作。1826年12月，普希金为西伯利亚苦役犯写了一首著名的诗——《寄西伯利亚囚徒》。1900年，列宁曾在《火星报》上把诗中的第二句用作刊头词，在中国，则将它译成"星星之火，可以燎原"。

1827年，普希金完成了浪漫主义叙事长诗《茨冈》。这首诗表现了诗人对自由的赞美，是俄国文学中积极浪漫主义的巅峰之作，标志着诗人的创作由浪漫主义向现实主义的过渡。诗体小说《叶甫盖尼·奥涅金》创作于1823年冬天，直到1830年秋才完成。这部作品以它新颖的题材、灵活的结构、丰富多彩的语言在世界文学史中占据着重要的地位。

1831年，普希金与美丽的冈察洛娃结婚。此间，他创作了历史小说《上尉的女儿》，这部小说是他的"压卷之作"，具有很高的文学价值，成为世界古典文学中的经典之作。

长期以来，普希金猛烈抨击沙皇专制制度，引起了贵族们的强烈不满，他们采用各种手段对他进行打击报复。一次，他们让冒险家乔治·丹特士设下圈套，使普希金卷入一场决斗，最终普希金倒在了他的枪下。

1837年1月29日，这位伟大的诗人因为负伤失血过多，永远离开了人世，年仅38岁。"俄国诗歌的太阳"沉落了，普希金的早逝令俄国进步文人大为感叹。

↑ 普希金与大海告别

学海拾贝

1825年6月，普希金和好朋友安娜·彼得罗芙娜·凯恩再次相遇。凯恩精通法语，还曾翻译过法国浪漫主义作家乔治·桑的作品。他们经常在一起探讨文学，非常投机。后来，当凯恩不得不离开时，普希金特意赶去为她送行，并写下了著名的《致凯恩》。

荡涤心灵的语文故事

法国批判现实主义文学奠基人 巴尔扎克

巴尔扎克是法国 19 世纪批判现实主义文学最杰出的作家之一,他的许多经典名著已成为世界文学史上不朽的作品。恩格斯曾经这样评价巴尔扎克:"我认为他是比过去、现在和未来一切作家都要伟大的现实主义大师。"

巴尔扎克是欧洲批判现实主义文学的奠基人和杰出代表,他生活在法国大变革、大动荡时期,因此,他的作品大都表现那个时期人们的生活,揭露了资本主义的罪恶以及人与人之间赤裸裸的金钱关系。

1799 年,巴尔扎克诞生于法国中部的图尔城,父亲是 1789 年法国大革命后的暴发户,母亲是巴黎银行家的女儿。

↑ 巴尔扎克

巴尔扎克中学毕业之前一直寄住在外,没有母爱和家庭温暖的童年生活使巴尔扎克刻骨铭心。1814 年,他随同家人迁居巴黎,两年后,巴尔扎克考入巴黎大学法律系。在大学期间,巴尔扎克阅读了大量的书籍,其中包括历史、哲学、文学等。巴黎的生活扩大了巴尔扎克的视野,使他看到了法国资本主义社会的罪恶。大学毕业后,他不顾父母反对,毅然放弃了律师的职业,而选择了艰辛的文学创作道路。

1829 年,巴尔扎克完成了一部历史小说《朱安党人》,这

↓ 描绘《人间喜剧》的一幅油画

是他的第一部重要作品，也是《人间喜剧》的第一部，标志着巴尔扎克的创作风格开始从浪漫主义转变为现实主义。1830年~1831年，巴尔扎克创作了23部小说，著名的有《苏城舞会》和《驴皮记》。此外，他还写了近200篇杂文、小品等，巴尔扎克一时成了巴黎家喻户晓的人物。长篇小说《欧也妮·葛朗台》的发表标志着巴尔扎克现实主义创作方法走向成熟。

↑ 巴尔扎克和朋友讨论文学

1833年，巴尔扎克与出版商签订了12卷《19世纪风俗研究》合同，即《人间喜剧》的最初构想。此后的近20年是巴尔扎克创作的巅峰时期。在这段时期里，他以超人的毅力和才智，夜以继日地进行创作，终于完成了一部规模空前、内容丰富的惊世之作——《人间喜剧》。这部作品写尽了法国人民生活的各个层面，被称为"社会生活的百科全书"，为后人研究分析变革时期的法国社会提供了丰富的素材，是欧洲文学史上一座不朽的丰碑。同时，《人间喜剧》的序言是一篇创作宣言，是巴尔扎克现实主义创作理论的结晶，也是人类文化史、思想史上划时代的经典文献。巴尔扎克在晚年还创作了《贝姨》《邦斯舅舅》《幻灭》第二部等十几部小说，其中《贝姨》是他晚年的杰作。

1850年3月14日，巴尔扎克与德·韩斯迦夫人在乌克兰举行了婚礼。同年的8月18日，51岁的巴尔扎克在巴黎病逝，被安葬在拉舍兹神甫公墓。

学海拾贝

巴尔扎克起初进行文学创作时，发现文学并不能让他过上衣食无忧的生活，从1825年起，为了能发大财，巴尔扎克经营印刷厂，办书局，开银矿……结果，他债台高筑，被警察四处搜捕，走投无路时，他又开始回到文学创作中。

法国中篇小说大师 梅里美

在中国提起法国19世纪作家，人们很自然地会想到雨果、巴尔扎克、司汤达的名字，而梅里美的名字似乎并不闻名遐迩，但提起根据他的同名小说改编的世界著名歌剧《卡门》，人们则并不陌生。

↑ 梅里美

1803 年9月28日，法国小说家梅里美出生于巴黎一个画家的家庭。在这样的家庭氛围里，梅里美从小就接受艺术的熏陶，培养了对美术的兴趣和对艺术的精深微妙的鉴赏能力。中学毕业后，梅里美遵从父亲的安排进入巴黎大学攻读法律在大学的四年间，他醉心于文学，研读各国的古典文学、哲学，为今后的创作积累了广博知识。

1822年夏天，梅里美同司汤达第一次见面，并从此与他结成了忘年之交。1825年5月，梅里美以"西班牙著名女演员克拉拉·加苏尔"为名，在巴黎发表了一部名为《克拉拉·加苏尔戏剧集》的作品。其内容轻松而稍带讽刺，具有异国情调和轻快自然的风格，与传统的古典主义的戏剧法则格格不入，体现了当时的浪漫主义文学思潮，赢得了文艺青年的青睐，并受到舆论的好评。

1828年，梅里美结识了法国杰出的批判现实主义作家司汤达，并在其影响下走上了现实主义的创作道路。1829年，他发表了历史小说《查理九世时代遗事》，这部小说标志着

↑ 1896年的美国海报《卡门》

他的创作达到了成熟阶段。

从1829年开始到1847年，梅里美又创作了许多中短篇小说。《塔曼果》与《马特奥·法尔哥内》是这些短篇中的精品。不过，最能体现其思想特点和艺术功力的两篇小说《科隆芭》和《卡门》都发表在这个时期。

尤其是《卡门》，后来经法国音乐家比才改编成同名歌剧而取得世界性声誉，"卡门"这一形象亦成为西方文学史上的一个典型。这部小说讲述了生性无拘无束的吉卜赛女郎从事走私的冒险经历。卡门引诱无辜的士兵唐·约瑟，使他陷入情网，舍弃了原在农村的情人——温柔而善良的米卡爱拉，并被军队开除而加入自己所在的走私贩行列；同时，卡门又爱上了斗牛士吕卡。于是，约瑟与卡门之间产生了日益激烈的矛盾。最后，倔强的卡门断然拒绝了约瑟的爱情，终于死在约瑟的剑下……

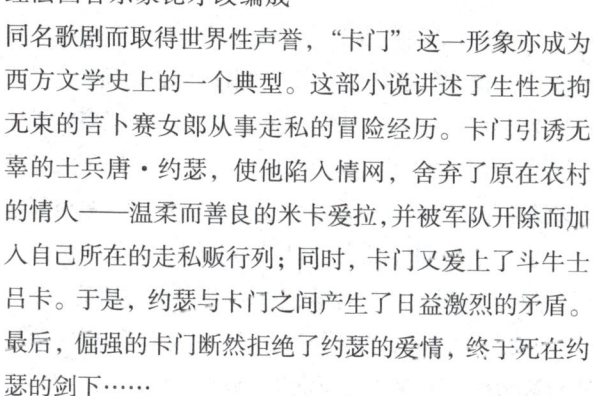

1844年~1865年，梅里美又先后发表了《阿尔塞娜·吉约》《欧班神父》《卡斯蒂利亚王国费迪南德一世的故事》《亨利·贝尔》和《从前的哥萨克》。1849年，梅里美翻译并发表了俄国作家普希金的小说《黑桃皇后》。后来，他又翻译出版了屠格涅夫的小说选集。

1870年9月23日，梅里美因病去世，享年67岁。梅里美是法国现实主义文学中鲜有的学者型作家。他在小说中将瑰丽的异域风光、引人入胜的故事情节和性格不循常规的人物结合起来，形成鲜明的画面，这是法国现实主义文学中难得一见的手笔，所以仅以十几个短篇就奠定了他在法国文学史上颇高的地位。

↑《卡门》于1875年演出时的情景

学海拾贝

《科隆芭》描述法国复辟王朝时期科西嘉岛上一个复仇的故事。科隆芭的形象反映了资产阶级个性解放的强烈愿望，她的反抗和叛逆的性格具有反封建意义。而《卡门》也是体现资产阶级个性解放要求的女性形象，所以《科隆芭》堪称《卡门》的姊妹篇。

现代主义文学鼻祖 福楼拜

福楼拜是19世纪中后期法国一个重要的现实主义小说家，在现实主义文学向现代主义文学转型的过程中，福楼拜起了承前启后的作用。他是19世纪现实主义文学的杰出代表，是现实主义文学的集大成者，被誉为"现代主义文学鼻祖"。

1821年12月21日，福楼拜出生于法国诺曼底的医生世家。他的父亲是当地市立医院的院长，颇有名望。福楼拜的童年是在父亲的医院里度过的，医院的环境培养了他细致观察与剖析事物的习惯。在中学时，福楼拜接触了大量的浪漫主义文学作品，并开始从事文学创作。1840年，福楼拜赴巴黎求学，攻读法律，其间结识了大文豪雨果。在钻研法律之余，福楼拜还看了大量的关于哲学、历史、宗教等方面的书籍。

1843年，经医生诊断，福楼拜患上了一种神经系统的疾病，于是他不得不辍学，放弃法律，从此醉心于文学。1844年，福楼拜的父亲去世了，给他留下了一笔丰厚的遗产，使他得以安心写作。

1843年~1845年，福楼拜完成《情感教育》的初稿。1846年，他和母亲在鲁昂附近的别墅定居，除了偶尔去巴黎拜会文艺界的朋友，其余的时间都埋头于文学创作。

1849年以后的几年，福楼拜去世界各地旅行。他的足迹遍及马耳他、埃及、巴勒斯坦、叙利亚、土耳其、希腊和意大利等地，旅行的见闻和感受为他日后的创作积累了丰富的素材。

↓福楼拜

《包法利夫人》是福楼拜的代表作，完成于1856年，当时在《巴黎杂志》上连载后，立即轰动了法国文坛，一度被视为"最完美的小说"。小说的主人公爱玛是一位农庄的美丽女孩，在成为包法利夫人后，沉浸在追求炽热爱情的美梦中，忽略了丈夫和新生的孩子，身败名裂后服毒自杀。小说通过爱玛的悲剧，讽刺了包法利夫人的幻想与堕落，反映了腐化堕落的社会风气。

由于这部作品内容太过敏感，福楼拜受到当局的指控，他们认为作者败坏道德，诽谤宗教，并要求法庭对"主犯福楼拜从严惩办"。后来多亏一个律师朋友，才使他免于被处分。

↑《包法利夫人》中的插图

从此福楼拜转向古代题材，经过6年的艰苦写作，历史小说《萨朗波》终于问世。《萨朗波》共15章，描写公元前3世纪迦太基的雇佣军哗变起义的历史故事。

1869年，经过二十多年的写写停停，长篇小说《情感教育》终于完成。这仍然是一部以现实生活为题材的作品。小说在揭露个人悲剧的社会因素方面，与《包法利夫人》有异曲同工之妙。

福楼拜一生未婚，到了晚年，他除了悉心指导莫泊桑写作外，一直在写长篇小说《布瓦尔和佩居榭》，但是终未完成。1880年5月8日福楼拜死于脑溢血，从此长眠于鲁昂。

学海拾贝

福楼拜是继巴尔扎克、司汤达之后19纪法国批判现实主义文学的第三位杰出代表。他在艺术上形成了自己独特的风格，创造了所谓"纯客观"的艺术，丰富和发展了19世纪的现实主义文学。

荡涤心灵的语文故事

《国际歌》的词作者 鲍狄埃

"起来,饥寒交迫的奴隶;起来,全世界受苦的人……"由欧仁·鲍狄埃作词,皮埃尔·狄盖特谱曲的《国际歌》是国际社会主义运动中最著名的一首歌,在国际上被广泛传唱。

1816年10月4日,欧仁·鲍狄埃出生于法国巴黎一个制作木箱和包装的手工业工人家庭。从少年时代起,鲍狄埃就立志为劳苦大众的解放斗争贡献力量。鲍狄埃12岁起以劳动为生,开始歌谣习作。他在艰难的环境里刻苦自学,从他所能够找到的书籍中吸取知识的营养。法国革命民主主义诗人贝朗瑞的诗,在他心灵里留下了深刻的印记。

↑ 欧仁·鲍狄埃

1830年七月革命爆发时,还在当学徒工的鲍狄埃参加了七月革命,时年14岁的他就写出了他的第一首诗歌《自由万岁》,并发表了第一部诗集《年轻的女诗神》。列宁曾赞扬其中的歌颂革命斗争的《自由万岁》一诗。七月王朝时期,鲍狄埃从事过木工、印花布图案画师等多种职业,接触社会主义思想,写了《是人各一份的时候了》《复活节蛋》等诗歌,要求平等,号召斗争。从此以后,他开始用诗作为武器,踏上了革命的征途,并逐渐由一个民主主义者向社会主义者转变。

鲍狄埃曾参加1848年的二月革命和六月起义以及1871年的巴黎公社运动。在巴黎公社进行革命斗争的72天中,鲍狄埃奋不顾身地投入战斗,被选为公社委员。

后来，巴黎公社被反革命暴力镇压而失败。在公社失败后的第二天，鲍狄埃躲过敌人的搜捕，在郊区小巷一所老房子的阁楼上怀着满腔热血和悲痛，用战斗的笔写下了震撼寰宇的宏伟诗篇，一首诗名为《英特纳雄耐尔》的不朽的无产阶级战歌，即"全世界无产阶级的歌"——《国际歌》，对马克思主义革命原理和巴黎公社历史经验加以艺术概括，正式宣告向敌人"开火"。1871年~1880年，被凡尔赛反革命法庭缺席判处死刑的鲍狄埃一直流亡国外，1880年大赦后回国，参加了法国社会主义工人党。

在国外流亡的十年期间，鲍狄埃仍积极参加当地的工人运动，同时不懈地创作诗歌，宣传革命思想，鼓励全世界无产者团结起来奋勇斗争。就是在这个时期，他创作了《白色恐怖》《美国工人致法国工人》《巴黎公社》等大量革命诗篇。

1887年，《革命歌集》出版，其中包括这首歌，是国际歌第一次公开发表，而此时鲍狄埃已经患了重病。1887年11月6日，他在贫困中与世长辞，巴黎的群众为他举行了隆重的葬礼。

1888年6月，鲍狄埃逝世后的第二年，法国工人作曲家皮埃尔·狄盖特发现了这首诗词，以满腔的激情在一夜之间为《国际歌》谱写了曲子，并在里尔的一次集会上指挥合唱团首次演唱。这支战歌很快便传遍整个法国，之后便从此传遍世界，它成了世界无产者最热爱的歌，从法国越过千山万水，传遍全球。

↑ 国际歌法文原版

学海拾贝

1906年，《国际歌》正式传入了俄国，为了便于传唱，翻译这首歌的俄国布尔什维克党员柯茨只选择了六段歌词中的一、二、六三段。1923年，瞿秋白将它从俄文翻译成了中文，因此我国所唱的《国际歌》也只有三段。

← 欧仁·鲍狄埃墓

英国文坛的杰出小说家 狄更斯

在英国文学史上，19 世纪是群星灿烂的小说鼎盛时代。而在这些伟大的小说家中，狄更斯则是一颗最为光彩照人的明星。他凭借勤奋和天赋创作了一大批经典著作，马克思称他为"杰出的小说家"。

1812 年 2 月 7 日，狄更斯出生在英国南部的朴茨茅斯的波特西地区。他的父亲是海军会计处的小职员，爱好戏剧。父亲经常让狄更斯表演各种戏剧，叙述表演体会，教他背诵诗歌，即兴创作。这种教育虽然使狄更斯吃了不少苦头，却也培养了他的文学兴趣和刻苦学习的精神。狄更斯 5 岁时，全家迁居占松，10 岁时又搬到康登镇。童年时代，他就阅读了《鲁滨孙漂流记》《天方夜谭》等大量小说。

但是，快乐的童年很快就结束了，狄更斯的父亲因无力偿还债务，连累妻子儿女一起住进了债务人监狱。这时刚满 11 岁的狄更斯在伦敦一家皮鞋油作坊当童工，比他大两岁的姐姐在皇家音乐学院学习，全家人中只有他俩没有在狱中居住。狄更斯在做工期间总是找机会看书学习，从书中他知道了穷人生活的艰难。这段经历使他备尝艰辛和屈辱，他后来的小说《大卫·科波菲尔》描写的就是自己的童工生活。

15 岁时，狄更斯进了一家律师事务所当学徒。后来，因为他学会速记，所以被伦敦民事律师议会聘为审案记录员。他走遍伦敦的大街小巷，出入法院和监狱，接触到各种人物，了解到各种诉讼案件，广泛而深入地了解社会。1832 年，狄更斯成了一家报社的记者，他经常利用为伦敦几家报刊工作的业余时间到大

↑ 狄更斯

英博物馆图书阅览室学习。从这时起，他开始了文学创作。1836 年，狄更斯发表了他的第一部小说《匹克威克外传》，并一举成名。这部小说也为狄更斯获得了很高的稿酬，从此，他便脱离了新闻工作，开始了专门从事文学创作的生涯。

在以后的创作生涯中，他的作品大量涌现。长期的劳累损害了他的健康，1870 年 7 月 9 日，狄更斯拖着疲惫的身躯，走完了生命的最后一程。他的遗体被安葬在威斯敏斯特大教堂南翼的"诗人角"。他的墓碑上写着："他是贫穷、受苦与被压迫人民的同情者，他的去世令世界失去了一位伟大的英国作家。"

狄更斯一生刻苦写作，共创作了 14 部长篇小说和许多中、短篇小说以及杂文、游记、戏剧、小品等。其中最著名的作品是描写劳资矛盾的长篇代表作《艰难时世》和《双城记》，另外，长篇小说《奥列佛·特维斯特》（又译为《雾都孤儿》）《老古玩店》《董贝父子》《大卫·科波菲尔》和《远大前程》等同样享誉世界。

《奥列佛·特维斯特》中的插图

《圣诞颂歌》的插图

学海拾贝

《匹克威克外传》是狄更斯的第一部小说，该小说透过匹克威克与三位朋友外出旅行途中的一连串遭遇，描写了当时英国城乡的社会问题。当时，这部小说发表后成为英国社会争相讨论的话题，一时间社会上出现了"匹克威克热"。

荡涤心灵的语文故事

萨克雷的成名作《名利场》

萨克雷是英国 19 世纪伟大的批判现实主义作家。他的小说，以其逼真的人物刻画、引人入胜的故事情节，特别是对英国维多利亚时期上层资产阶级和贵族唯利是图现象的讽刺，为他赢得了"英国 19 世纪的菲尔丁"的美名。

1811 年，萨克雷出生于印度的加尔各答的一个富裕家庭，父亲为英国驻东印度公司官员。不幸的是，萨克雷 4 岁时，父亲去世，母亲改嫁，他被送回英国接受教育。

萨克雷在查特豪斯私立学校上过六年中学，1829 年进入剑桥大学三一学院。一年后，他就退学在社会上流荡，去过德国，后又回到伦敦做律师。这时候的萨克雷放荡不羁，出入歌剧院，吸烟、喝酒、赌博，也因此对伦敦的生活有了一个全面的认识。

1833 年，他存款所在的印度银行破产，他才不得不认真思考生活的出路。1836 年，他同伊莎贝拉·萧结婚，四年后，伊莎贝拉精神错乱，使本来已经很拮据的生活雪上加霜。他使用了好几个笔名为多家杂志投稿，写杂文和小说，代表作包括《凯瑟琳》《贺大第钻石》《巴德·林顿的幸运》等。

长篇小说《名利场》是萨克雷的成名作和代表作。故事取材于很热闹的英国 19 世纪中上层社会。当时国家强盛，工商业发达，由榨压殖民地或剥削劳工而发财的富商大贾正主宰着这个社会，英法两国争权的战争也在这时爆发。中上层社会各式各等人物，都忙着争权夺位，争名求

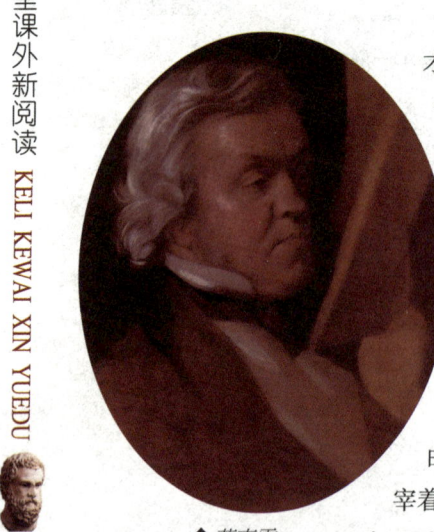

↑ 萨克雷

利，所谓"天下攘攘，皆为利往，天下熙熙，皆为利来"，名位、权势、利禄，原是相连相通的。

故事的主角是一个机灵乖巧的漂亮姑娘，饱尝贫穷的滋味，一心要掌握自己的命运，摆脱困境。她不择手段，凭谄媚奉承、走小道钻后门而飞上高枝。作为陪衬的人物是她同窗女友、一个富商的女儿，懦弱温柔，随命运拨弄。主角从贫贱进入富裕的道路很不平稳，而富家女的运途亦多坎坷，两人此起彼落的遭遇，构成一个引人关怀又动人情感的故事。穿插的人物形形色色，都神情毕肖。萨克雷富"讥"智、善讽刺，《名利场》是逗趣而又启人深思的小说。

这部小说篇幅宏大，场面壮观，情节复杂，心理刻画深入，其尖锐泼辣的讽刺风格更为精彩。萨克雷因《名利场》叱咤文坛，与狄更斯齐名。

萨克雷还创作有长篇小说《彭登尼斯》《亨利·埃斯蒙德》《纽克姆一家》《弗吉尼亚人》，中篇小说《巴利·林顿的遭遇》，短篇小说集《势利眼集》等。其中以《亨利·埃斯蒙德》和《纽克姆一家》最为出色。

萨克雷以英国有教养的绅士所特有的机智幽默甚至玩世不恭的态度，无情地展示生活的真实，这是对英国18世纪由斯威夫特、菲尔丁、斯特恩等人开创的讽刺小说传统的继承和发扬。

↑《势利眼集》中的插图

←《名利场》的封面

学海拾贝

萨克雷是英国19世纪小说发展高峰时期的重要作家。他的作品不仅种类繁多，而且数量惊人，涉及诗歌、散文、游记、书评、小说等体裁，后结集为二十多卷本的《萨克雷文集》。

荡涤心灵的语文故事

英国文坛的奇迹 勃朗特三姐妹

一百多年来,人们一直把勃朗特三姐妹的出现视为文坛奇迹。三姐妹出生在一个充满诗意和想象的家庭,虽然饱尝艰辛,但在不断的奋斗中,她们却以惊人的创作热情完成了不朽的作品,成为英国家喻户晓的作家。

1845 年的一个夏天,布鲁塞尔少女夏洛蒂·勃朗特给自己远方的老师埃热寄去了一封信。从此,她每天都在忐忑不安中等待对方的回信,结果却未等到只言片语。原来,这是夏洛蒂·勃朗特写给老师的一封情书。

埃热是一位优秀的老师,也是两个孩子的父亲。虽然他很赏识夏洛蒂的才气,但面对她热切而纯情的信,他选择了保持沉默。这个夏天,对夏洛蒂来说非常漫长,她感到无比地痛苦。她在无望中离开布鲁塞尔回到家乡,开始发掘新的希望,于是,一部倾注着爱、思念、希望和梦想的伟大著作诞生了,它就是《简·爱》。

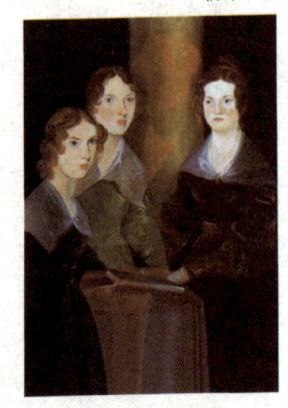

↑ 勃朗特三姐妹

同一年,夏洛蒂的两个妹妹,艾米莉·勃朗特的《呼啸山庄》和安妮·勃朗特的《艾格妮斯·格雷》也在英国先后出版。三姐妹的小说一出版,在英国文坛就引起了很大的轰动。人们被作品中的狂放不羁和女性意识深深感染。当人们知道这三部作品出于三姐妹之手时,都非常震撼,争相购买。

勃朗特三姐妹出生在一个贫穷的牧师家庭,她们的母亲在孩子们年幼时就患肺癌去世了。失去了母亲,孩子们的童年没有欢乐,过得非常凄凉。幸运的是她们的父亲是一位学识渊博的牧师,他经常亲自教她们

↑《简·爱》中的插图

读书，指导她们看书读报，给了她们很大的影响。贫穷的生活使勃朗特姐妹在慈善学校度过了一段童年时光。学校里的生活条件十分恶劣，夏洛蒂的两个姐姐先后患肺病死去。在《简·爱》里，夏洛蒂将这家学校写了进去，书中塑造的海伦·彭斯就有她姐姐的影子。

在慈善学校度过这段艰难的日子后，夏洛蒂和妹妹艾米莉回到家里，与弟弟勃兰威尔和妹妹安妮一起自学。她们的家位于荒凉偏僻的山区，她们经常在旷野里玩耍。这一切给表面沉默寡言、内心却热情奔放的艾米莉感受很深，后来她把这些都写进了《呼啸山庄》，构成了《呼啸山庄》的独特氛围。

姐弟四个常常在一起读书，杜撰传奇故事，他们还自办了一个手抄刊物，并自编自写。1845年秋季的一天，夏洛蒂偶然看到艾米莉写的一本诗集，她深受感动，想到写作也许是一条出路。第二年5月，三姐妹的诗集出版面世，但仅售出了两本。勃朗特姐妹又埋头写起小说来，于是就有了三部不朽的作品。

如今，一百多年过去了，勃朗特三姐妹已成为英国家喻户晓的作家。安妮·勃朗特在《艾格妮斯·格雷》中让人印象深刻的寂寞情绪，令人回味无穷；《呼啸山庄》给无数人带来巨大的心灵上的震撼；夏洛蒂·勃朗特也以她唯一的一部小说《简·爱》奠定了她在英国文学史以及世界文学史上的地位。

学海拾贝

为了生活，勃朗特姐妹曾先后离家外出当家庭教师。在做家庭教师期间，夏洛蒂备感歧孤独，好几次都只工作了几个月就离开了，但这也为她以后创作《简·爱》进行了很好的生活积淀。

↓夏洛蒂·勃朗特的肖像画

荡涤心灵的语文故事

横跨两个世纪的作家 哈代

哈代是一位横跨两个世纪的英国著名诗人、小说家。他早期和中期的创作以小说为主，继承和发扬了维多利亚时代的文学传统。到了晚年时期，哈代以出色的诗歌开拓了英国 20 世纪的文学。

1840 年 6 月 2 日，托马斯·哈代生于英国西南部一个小村庄。他的父亲是建筑工程的小包工头，受父亲影响，哈代于 1856 年离开学校，给一名建筑师当学徒。

在此期间，哈代结识了威廉·巴恩斯。巴恩斯是当时多塞特郡有名的语言学家，又是以当地方言写诗的诗人。在他的影响下，哈代探索了文学和哲学的源泉，品尝到了文学和哲学的美妙。同时，他又开始自学希腊文。1862 年，哈代前往伦敦，作绘图员，同时继续钻研文学和哲学，并在伦敦大学皇家学院进修近代语言，特别是法语。1867 年，哈代重返故乡当了几年建筑师的助手。不久，哈代就完全致力于文学创作，成了职业作家。

哈代的文学创作以诗歌开始，后因无法维持生活，转而从事小说创作。1871 年，哈代发表第一部长篇小说《计出无奈》，随后又发表小说《绿林荫下》和《一双湛蓝的秋波》。

1874 年，哈代发表了第四部小说《远离尘嚣》。这也是他第一部得到一致赞扬的小说。1891 年出版的《德伯家的苔丝》是哈代最优秀的长篇小说，也是一部震撼人心的悲剧作品。女

↑ 托马斯·哈代

主角苔丝短促的一生中无时不向往人生的真和善，也无时不遭到伪和恶的打击。她生于乡村贫苦的小贩家庭，刚一踏上社会，就遭到恶少的侮辱。后在一个牛奶场当女工时，与青年克莱相爱，并答应了克莱的求婚。成婚之夕，她出于对克莱的忠诚，自白了往事。克莱貌似开明，但也不能脱去习俗的偏见。虽然他过去也有同样所谓不贞的生活，而对苔丝的遭遇不但不表同情，反而将她遗弃。几经曲折，苔丝杀死恶少，因而被处绞刑。

↑《德伯家的苔丝》中的插图

哈代把一个所谓失去贞节的女孩子作为小说主角，还在副标题里称她为"一个纯洁的女人"，从而公开向维多利亚时代英国资产阶级道德发出挑战，揭露了这种道德的虚伪性，而且也抨击了法律的不公正。哈代的这部小说引起了强烈反响，不少读者来信要求他不要给苔丝以悲剧结局，对苔丝的命运表示关怀和同情。

1896年，哈代又出版了《无名的裘德》，这可以说是《德伯家的苔丝》的姐妹篇。此外，哈代还发表了8部长篇小说和4集短篇小说。哈代因《德伯家的苔丝》与《无名的裘德》两部小说受到强烈攻击，愤而放弃小说写作，重新致力于创作诗歌。

晚年时，哈代享受到英国人最高的推崇。1928年1月11日，哈代去世，他被葬于伦敦威斯敏斯特教堂诗人之角，其心脏则葬于故乡斯廷斯福德教堂墓地。

←《无名的裘德》

学海拾贝

哈代的诗作中，最能发挥思想、驰骋笔墨者，是以拿破仑战争为题材的史诗剧《列王》。这部诗剧共3部、19章、133场，分3次于1903年、1906年、1908年出版。第一次世界大战时曾选出其中若干幕正式演出，获得成功。

荡涤心灵的语文故事

科幻小说之父 凡尔纳

凡尔纳是 19 世纪法国著名的科幻小说和冒险小说作家，被誉为"科幻小说之父"。1884 年，教皇利奥十三世接见他时曾说："我并不是不知道您的作品的科学价值，但我最珍重的却是它们的纯洁、道德价值和精神力量。"

1828 年，凡尔纳出生于法国海港城市南特。他的父亲是当地有名的律师，正统的天主教徒，墨守成规，但学识渊博，对文学和科学都有浓厚的兴趣。父亲一心希望凡尔纳长大后能够当律师，但是凡尔纳从小热爱海洋，常常幻想着自己有一天能够体验充满冒险的海上生活。正是由于童年的经历，使得凡尔纳一生都驰骋于幻想之中，创作出一系列著名的科幻作品。

18 岁时，凡尔纳遵从父愿，去巴黎攻读法律，可是他对法律毫无兴趣，却爱上了文学和戏剧。毕业后，他更是一门心思投入诗歌和戏剧的创作当中。父亲得知儿子无意继续攻读法律后大发雷霆，决定断绝经济援助。从此，年轻的凡尔纳在贫困中奋斗，以读书和写作为乐，并依靠写作来赚钱，维持生计。

然而一次偶然的机会，凡尔纳邂逅了当时很有名气的大仲马，从此创作的方向产生了重要转变。凡尔纳跟着大仲马学写戏剧，两人一度合作创作戏剧，这对凡尔纳影响很大。原本希望凡尔纳子承父业的父亲知道儿子有大仲马这么知名的人物提携，便不再干涉他的选择。他不但继续为儿子提供生活资助，还在自己的案例汇编里为儿子寻找创作戏剧的题材。

↑ 凡尔纳

1850年，凡尔纳与大仲马合作创作的剧本《折断的麦秆》初次上演，这标志着凡尔纳在文学界取得了初步的成功。接着，他还陆续写了几出轻歌剧，发表了几个短篇小说和一部历史小说《马尔丹·帕兹》。

28岁时，凡尔纳来到北部城市亚眠。在这里，他和一位拥有两个孩子的妈妈一见钟情，并结了婚。从这时开始，凡尔纳完全投入文学创作。7年后，他创作出了第一部科幻小说——《气球上的星期五》，讲述了19世纪上半叶，许多探险家、地理学家、旅行家对非洲进行的艰难而卓绝的探险。书中对非洲大陆的风景描写十分生动细腻，融科技知识于有趣的故事之中，给人以身临其境的强烈印象。

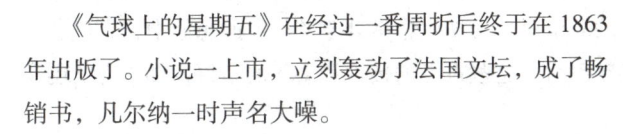

↑《海底两万里》中的插图

《气球上的星期五》在经过一番周折后终于在1863年出版了。小说一上市，立刻轰动了法国文坛，成了畅销书，凡尔纳一时声名大噪。

随着声望的提高，凡尔纳的财富也在迅速增长。从此凡尔纳真正踏上了科幻小说的创作之路。此后他每年都有作品出版，其中包括著名的《海底两万里》《八十天环游地球》《太阳系历险记》《地心游记》《机器岛》《漂逝的半岛》《两年假期》等科幻历险小说。

在四十多年的写作生涯中，他记了上万册笔记，写了近百部科幻小说，共有七八百万字。1905年3月25日，77岁的凡尔纳因病去世，全世界人民都纷纷悼念这位伟大的科幻小说作家。

学海拾贝

凡尔纳的作品引领读者们享受着奇异的想象之旅，时而进入炽热的火山，时而下到深邃的海底，时而又穿越未知的国度，甚至飞向神秘的月球，穿行于遥远的星际。景色壮观、情节惊险，故事生动幽默，让人叹为观止。

荡涤心灵的语文故事

丹麦童话大师 安徒生

安徒生童话已经成为经典童话的代名词，在全世界拥有仅次于《圣经》的发行量，一代又一代的孩子在他的童话中长大。安徒生和他的脍炙人口的童话在文学史上闪耀着圣洁的光芒，人们因喜爱而传承，直到永远。

安徒生出生在19世纪初的丹麦欧登塞城，他的父亲是一个贫苦的鞋匠，读过不少书，想象力丰富并有点浪漫气质，他的母亲是一个普通的家庭主妇。

欧登塞城是个封闭的小镇，人们坚信上帝和女巫，小镇上流传着许多神秘的传说。安徒生的父亲常常会把家里仅有的《一千零一夜》和《拉·封丹寓言》读给安徒生听。在美丽的传说和离奇的故事里，安徒生常常处于梦幻般的想象中，忘记了一切。多年以后，这些古老的传说和童年的幻想，都成为他创作的源泉。

安徒生10岁时，父亲去世了，为了维持生计，瘦小的安徒生辍学去工厂做学徒。一年夏天，哥本哈根皇家剧院来到欧登塞城演出。从此，安徒生对戏剧着迷起来，决心当一名演员。13岁时，安徒生拒绝了母亲让他当裁缝学徒的要求，背着简单的行李，来到了他向往已久的首都哥本哈根。

然而，安徒生处处碰壁，并没有走上演员的道路，而是转向了剧本创作。不久之后，安徒生写出了悲剧《维森堡大盗》《阿芙索尔》以及小说《帕尔纳托克墓地上的幽灵》，并把它们编成了一个集子《尝试集》。后来，《维森堡大盗》的第一幕发表，安徒生拿到了

↑ 安徒生

↑拇指姑娘

生平第一笔稿费。

1835年,安徒生完成了长篇小说《即兴诗人》,小说的主人公安东尼奥似乎正是作者的化身。安徒生将他在游历中的所见所闻活灵活现地描绘出来。这部小说出版后在国内外引起了巨大反响,确立了安徒生的诗人地位。从此,安徒生开始进行童话创作。他想起多年前纺纱室里阿婆们讲的动听的故事,如今他要把这些故事从记忆的河流里捕捉出来讲给全世界的孩子们听。1835年,他出版了第一部童话集《讲给孩子们听的童话》。这部童话集里收集了《打火匣》《小克劳斯和大克劳斯》《豌豆上的公主》《小伊达的花儿》等4篇童话。

第一部童话集的出版吸引了无数孩子。随后的几年,安徒生的才思犹如泉涌,不朽的作品接踵而来:《拇指姑娘》《海的女儿》《皇帝的新装》《坚定的锡兵》《丑小鸭》《卖火柴的小女孩》……

不知疲倦的童话之王一生都在漂泊,他在欧洲各国来回游历了29次,但他却从未停止过思考和写作。1870年3月,安徒生写出了长篇小说《幸运的皮尔》,并完成了一生中最后几篇童话,如《牙痛姑妈》《园丁和主人》等。

1875年8月4日,安徒生在朋友的家中因病离开了人世。如今,安徒生已成为丹麦的骄傲和象征,并且受到全世界的尊敬和爱戴。

学海拾贝

安徒生的作品在体裁和写作手法上呈现多样化,有童话故事,也有短篇小说;有寓言,也有诗歌;既适合于儿童阅读,也适合于成年人鉴赏。他创造的艺术形象,如:小锡兵、拇指姑娘、丑小鸭等,已成为经典形象。

↓《卖火柴的小女孩》

荡涤心灵的语文故事

讽刺文学的开拓者 果戈理

果戈理是俄国 19 世纪上半叶最优秀的讽刺作家，批判现实主义文学的奠基人之一。他的传世名作五幕讽刺剧《钦差大臣》揭露了农奴制俄国社会的黑暗腐朽和荒唐反动，使他一举成为当时著名的讽刺作家。

1809 年 4 月 1 日，果戈理出生于乌克兰一个地主家庭。中学毕业后，他来到了彼得堡，当过小公务员，薪俸微薄，生活拮据，这使他亲身体验了"小人物"的悲哀，也目睹了官僚们的荒淫无耻和腐败堕落。1831 年，果戈理辞去公务员的职务，专门从事文学创作。

↑ 果戈理

1831 年～1832 年，果戈理的处女作短篇小说集《狄康卡近乡夜话》问世，书中揭露封建主义和金钱势力的罪恶。1835 年，中篇小说集《米尔戈罗德》和《彼得堡的故事》的出版给他带来了很高的声誉。《米尔戈罗德》收入 4 篇小说，包括著名的《狂人日记》和《外套》。

1835 年秋天，果戈理去拜访老朋友普希金。谈话间，普希金讲了一件他亲身经历的事："两年前，我到喀山一带搜集材料，准备写一部关于普加乔夫的历史著作。路过奥伦堡附近的一个小县城时，那里的县长听说我来自彼得堡，就把我当作了皇上派去的'钦差大臣'，拼命奉承巴结我，还向我行贿。想象一下当时他们的丑态吧！我一再声明自己不是什么'钦差大臣'，等他们弄清了真相,对我的态度立刻不同了,像变成另外一个人似的。"

果戈理听了,笑着说:"真可笑,竟然会有这种事!"

"是啊,这样的事不知道发生过多少次了,你可以把它当作一个喜剧素材来写。"

"是啊!我得马上回去,把这种丑事写进剧本,把官场中的丑态统统揭露出来。"

1835年底,果戈理根据普希金提供的素材,创作了著名的五幕讽刺喜剧《钦差大臣》。第二年年初,这部戏开始上演,引起了很大轰动,果戈理一夜成名。但由于这部戏剧对俄国腐朽制度的揭露,使他受到沙皇的迫害,果戈理被迫逃亡国外,5年后才回到俄国。1842年,他发表了长篇小说《死魂灵》。这部小说通过对地主种种丑恶嘴脸的生动描写,表明俄国农奴制已到了气息奄奄的垂死阶段,客观上反映出它必然灭亡的规律。《死魂灵》再次震撼了俄罗斯,果戈理再次出国。

由于果戈理后来长期侨居国外,脱离了国内先进文学界,其思想发生了逆转,转向保护、赞美农奴制。他想写《死魂灵》第二部,但他写了好长时间,因为没有现实基础,使他无法写出满意的东西。1852年,果戈理在病中将稿件扔进了火炉。同年3月4日,果戈理去世。

↑《死魂灵》的初版扉页,由果戈理亲自设计。

↑ 果戈理焚稿

荡涤心灵的语文故事

学海拾贝

小说《狂人日记》的主人公是一个安分守己的小公务员,受阶级社会重重压迫,处处被人侮辱践踏,最后被逼发疯。《外套》写地位卑微的小官吏唯一的生存乐趣是渴望攒一点钱做一件外套,不料新外套刚上身便被人劫走,成为人们的笑料,主人公最后含恨死去。

93

俄国现实主义艺术大师 屠格涅夫

屠格涅夫是 19 世纪享有世界声誉的俄国现实主义艺术大师,他的小说不仅迅速及时地反映了当时的俄国社会现实,而且通过对大自然情景交融的描述,塑造出许多栩栩如生的人物形象。

1818 年 9 月 11 日,屠格涅夫出生于俄国奥廖尔省的世袭贵族之家,母亲是当地最大的地主贵族。他 16 岁时,父亲就去世了。

1833 年,屠格涅夫进入莫斯科大学文学系学习,一年后转入彼得堡大学哲学系语文专业,毕业后到德国柏林大学攻读哲学、历史和希腊与拉丁文。在欧洲,屠格涅夫见到了更加现代化的社会制度,被视为"欧化"的知识分子,主张俄国学习西方,废除包括农奴制在内的封建制度。

尤其是对于母亲专横和虐待农奴的行为,屠格涅夫感到很不满,常常与农民和农奴交谈。他庄园的一个农奴常给屠格涅夫读涅克拉索夫的诗歌,屠格涅夫非常喜欢,写了一些诗歌,被别林斯基读到。别林斯基非常欣赏屠格涅夫表现出的天赋,两人建立了深厚的友谊。

在别林斯基的关怀下,屠格涅夫于 1852 年发表了自己的特写集《猎人笔记》。这是几年来他观察平民生活,和各界人士交

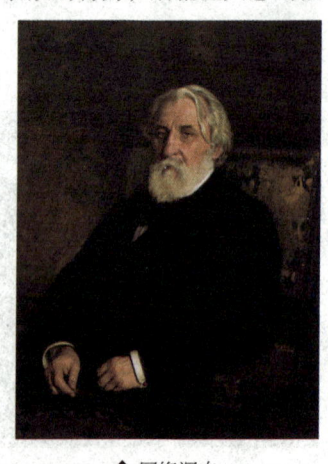

↑ 屠格涅夫

谈等生活经验的提取。全书包括25个短篇故事，在描写乡村山川风貌、生活习俗、刻画农民形象的同时，深刻揭露了地主表面上文明仁慈，实际上丑恶残暴的本性，充满了对备受欺凌的劳动人民的同情，写出了他们的聪明智慧和良好品德。

然而，这部作品反农奴制的倾向触怒了当局，当局以屠格涅夫发表追悼果戈理文章违反审查条例为由，将其拘捕、放逐。在拘留中他写了著名的反农奴制的短篇小说《木木》。

19世纪50年代~70年代是屠格涅夫创作的旺盛时期，他陆续发表了长篇小说《罗亭》《贵族之家》《前夜》《父与子》《烟》《处女地》。其中《罗亭》是他的第一部长篇小说，塑造了继奥涅金、皮却林之后又一个"多余的人"形象，所不同的是，罗亭死于1848年6月的巴黎巷战中。

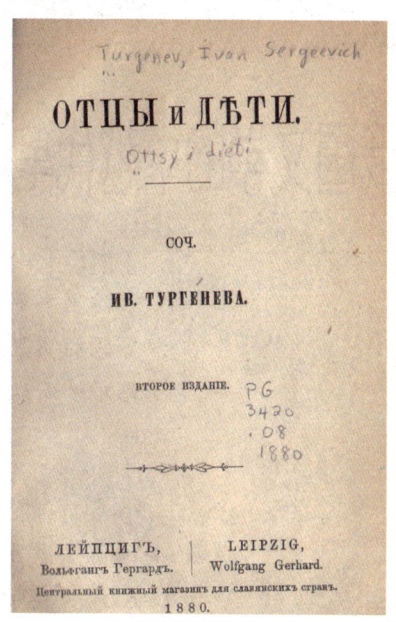

↑《父与子》的扉页

《父与子》是屠格涅夫的代表作。它反映了代表不同社会阶级力量的"父与子"的关系，描写亲英派自由主义贵族代表基尔沙诺夫的"老朽"，塑造了一代新人代表——平民知识分子巴札罗夫。但巴札罗夫身上也充满矛盾，他是旧制度的叛逆者，一个"虚无主义者"，否认一切旧传统、旧观念，他宣称要战斗，但却没有行动。小说问世后在文学界引起剧烈争论。

屠格涅夫是一位有独特艺术风格的作家，他既擅长细腻的心理描写，又擅长抒情。小说结构严整，情节紧凑，人物形象生动，尤其善于细致雕琢女性艺术形象，而他对旖旎的大自然的描写也充满诗情画意。

学海拾贝

从19世纪60年代起，屠格涅夫大部分时间都是在西欧度过的，结交了许多著名作家、艺术家，如左拉、莫泊桑、都德、莫古尔等。屠格涅夫对俄罗斯文学和欧洲文学的沟通交流起到了桥梁作用。

俄国文学的卓越代笔 陀思妥耶夫斯基

陀思妥耶夫斯基是 19 世纪群星灿烂的俄国文坛上一颗耀眼的明星,是俄国文学的卓越代表,他的生活和创作道路艰辛而复杂,是俄国文学史上最复杂、最矛盾的作家之一。

文学大师陀思妥耶夫斯基出生于莫斯科一个平民家庭。母亲去世后,他和弟弟于 1837 年被送入彼得堡军事工程学校学习。在学校期间,陀思妥耶夫斯基不屑于学习数学,却对文学发生了浓厚的兴趣。1843 年,他将巴尔扎克的小说《欧也妮·葛朗台》译成俄文,可惜并没有人因此而关注他。

在尼卡索夫的鼓励下,1845 年陀思妥耶夫斯基写出他的处女作《穷人》。别林斯基看过这篇《穷人》后称其为"俄罗斯文学的天才"。1846 年 1 月《穷人》发表,陀思妥耶夫斯基成为了文学界的名人。可惜的是,因为思想观点和文学观点的不同,陀思妥耶夫斯基不久便和别林斯基、尼卡索夫发生了争吵,然后断绝了来往。

1849 年,陀思妥耶夫斯基因为参加彼得堡拉舍夫斯基小组的革命活动被流放到西伯利亚。也正是在西伯利亚,他遇到了第一任的妻子——玛丽亚·季米特里耶夫娜·伊萨耶娃。

直到 1860 年,陀思妥耶夫斯基才返回彼得堡。曲折的人生经历,使他对人性和社会有了自己独特的思考。次年,他发表了第一部长篇《被侮辱与被损害的》。这部作品可以被看作是他前后期的过渡作品,既有前期的对社会苦难人民的描写,又带有后期的

↑ 陀思妥耶夫斯基

宗教与哲学探讨。这段时间他文学上有所进展，但生活却连遭打击。1864年他的妻子和兄长相继逝世，他还需要照顾兄长的家人，这使得他濒临破产。他希望通过赌博来还清债务，却欠下更多债，整个人陷入消沉之中。

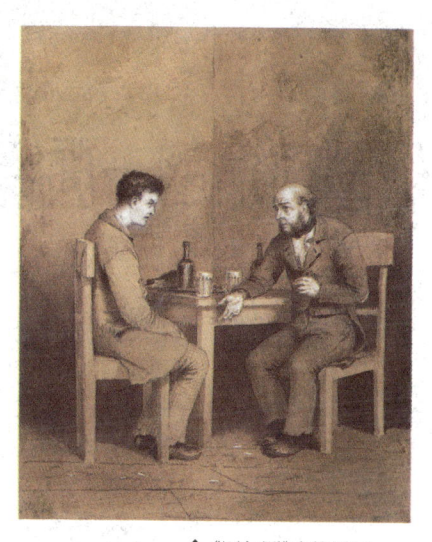

为了躲避债主，他被迫离开祖国。1866年他的代表作《罪与罚》出版，这部作品被视作近代世界推理小说鼻祖。事实上，陀思妥耶夫斯基许多世界文学杰作都是先发表于报章文艺副刊，受到俄国人普遍欢迎。

1867年，陀思妥耶夫斯基和安娜结婚。在妻子的鼓励与帮助下，他的生活才开始安定下来，同年完成了小说《赌徒》。1868年，陀思妥耶夫斯基完成了《白痴》。1872年完成了《群魔》。1873年，他开始创办"作家日记"期刊，很受人们欢迎。

↑《罪与罚》中的插图

1880年，陀思妥耶夫斯基发表了《卡拉马佐夫兄弟》这部他后期最重要的作品。这部作品是他哲学思考的总结，被称为"人类有文明历史以来最为伟大的小说"。有作家点评："陀思妥耶夫斯基一生执著于研讨人与上帝的关系，经常摆荡于天堂与地狱之间，穿梭于神性与魔性的两极，直到他年届六十，终于写下《卡拉马佐夫兄弟》，在人类精神领域中，竖立了一座高峰。"

1881年，陀思妥耶夫斯基准备写作《卡拉马佐夫兄弟》第二部，但在2月9日这天却在彼得堡病逝，结束了他苦难的一生。

↑陀思妥耶夫斯基的工作室

学海拾贝

陀思妥耶夫斯基患有癫痫病，9岁首次发病，之后间或发作，折磨他整整一生。在其小说《白痴》中，梅什金公爵也患有癫痫病，许多人都认为这是陀思妥耶夫斯基有意而为之。

荡涤心灵的语文故事

俄国革命的一面镜子 托尔斯泰

托尔斯泰是19世纪俄国最杰出的现实主义文学大师，也是世界最伟大的小说家之一。托尔斯泰的一生是探索的一生，是为人类寻找幸福出路的一生。列宁称托尔斯泰为"俄国革命的一面镜子"。

1828年8月28日，托尔斯泰出生于俄国图拉省一个贵族伯爵世家。他2岁丧母，13岁丧父，家庭的不幸使托尔斯泰的心智过早成熟。

1844年6月，托尔斯泰进入喀山大学东方语言系。大学期间，他大量阅读哲学、文学方面的书籍并受到卢梭接近自然、过简朴生活的哲学影响，开始怀疑宗教，厌恶上流社会。他不满学校腐化的教学制度，最终申请退学回到波良纳庄园，并在此居住长达60年。

1851年，托尔斯泰参加了克里米亚战争。在战斗之余，他创作了自传体三部曲的前两部《童年》《少年》以及《塞瓦斯托波尔的故事》等小说。《童年》发表在《现代人》杂志上，小说描写了一个敏感的生于贵族家庭并喜欢作自我剖析的儿童的精神成长过程。之后，他在作品《少年》中，继续描写了主人公的精神成长过程，体现了他新的道德追求和批斗意识的觉醒。1856年，托尔斯泰完成了自传性的中篇小说《一个地主的早晨》和自传体三部曲中的最后一部《青年》。

1859年，托尔斯泰在波良纳庄园创办学

↑托尔斯泰

↑《战争与和平》插图

校，企图用教育改良社会，并把这作为他一生的主要任务。因学校规模不断扩大，声誉日渐提高，沙皇政府对他施加了极大的压力，学校被迫停办。此后，托尔斯泰与莫斯科名医别尔斯的女儿索菲亚结婚。婚后生活十分幸福，这极大地激发了他的创作热情，他先后创作了中篇小说《哥萨克》及长篇小说《战争与和平》等。《战争与和平》一经问世，便在俄国文坛上引起了空前的轰动，被称为"近代的《伊利亚特》"。经过5年的艰辛创作，托尔斯泰又完成了另一部轰动文坛的长篇小说《安娜·卡列尼娜》。《复活》是托尔斯泰历经10年创作的艺术结晶，是继长篇小说《安娜·卡列尼娜》之后集中宣传"托尔斯泰主义"的重要作品，以其卓越的现实主义风格成为世人皆知的经典著作。

托尔斯泰晚年还创作了大量的小说、剧本、文论以及政论。1910年10月28日，托尔斯泰得了肺炎，于11月7日逝世，享年82岁。

学海拾贝

1851年，托尔斯泰随大哥尼古拉一起入伍高加索，参加了克里米亚战争中的塞瓦斯托波尔保卫战争，并担任炮兵连连长。在高加索服役的5年中，托尔斯泰读了很多文学作品，并确立了他一生的事业——文学创作。

↑《安娜·卡列尼娜》中的插图

荡涤心灵的语文故事

短篇小说巨匠 契诃夫

契诃夫被认为是19世纪俄罗斯现实主义文学的最后一位杰出代表。他情趣隽永、文笔犀利，是著名的幽默讽刺大师。他一生创作了七八百篇短篇小说，被认为是同法国的莫泊桑，美国的欧·亨利齐名的三大短篇小说巨匠。

1860年1月29日，契诃夫出生于亚速海沿岸塔干罗格城的一个小商人家庭。由于家庭经济困难，契诃夫在中学读书时就去给人家当家庭教师。

1879年，契诃夫进入莫斯科大学学医，1884年毕业后从医并开始文学创作。他早期作品多是短篇小说，如《胖子和瘦子》《小公务员之死》《苦恼》《万卡》年，再现了"小人物"的不幸和软弱、劳动人民的悲惨生活和小市民的庸俗猥琐。而在《变色龙》及《普里希别叶夫中士》中，作者鞭挞了忠实维护专制暴政的奴才及其专横跋扈、暴戾恣睢的丑恶嘴脸，揭示出黑暗时代的反动精神特征。

19世纪80年代末期，反动压迫日益加剧，契诃夫为寻求社会出路，于1890年带病前往库页岛考察流放刑犯和当地人民的生活。他在那里逗留了三个月，访问了近万名犯人与移民，这使他对黑暗专制统治有了进一步的了解，思想上也发生了巨大的变化，同时为扩大创作题材和提高艺术技巧打下了基础。

这一时期创作的作品，如《第六病室》，

↑ 契诃夫

就是猛烈抨击沙皇专制暴政的作品，列宁阅读该小说后受到很大震动。《带阁楼的房子》，揭露了沙俄社会对人的青春、才能、幸福的毁灭，讽刺了自由派地方自治会改良主义活动的于事无补。《农民》极其真实地描述了农民在 19 世纪八九十年代极度贫困的生活现状，表现了他对农民悲惨命运的关心同情，而《在峡谷里》则揭露富农穷凶极恶的剥削，反映了资本主义渗透农村的情况，说明作者把表现俄国社会阶级斗争列入其创作主题。

契诃夫后期转向戏剧创作，主要作品有《伊凡诺夫》《海鸥》《万尼亚舅舅》《三姐妹》《樱桃园》，都曲折反映了俄国 1905 年大革命前夕一部分小资产阶级知识分子的苦闷和追求。

↑《三姐妹》的创作手稿

契诃夫的小说短小精悍，简练朴素，结构紧凑，情节生动，笔调幽默，语言明快，富于音乐节奏感，寓意深刻。他善于从日常生活中发现具有典型意义的人和事，通过幽默可笑的情节进行艺术概括，塑造出完整的典型的形象，以此来反映当时的俄国社会。其代表作《变色龙》《套中人》堪称俄国文学史上精湛而完美的艺术珍品，前者成为见风使舵、善于变相、投机钻营者的代名词；后者成为因循守旧、畏首畏尾、害怕变革者的符号象征。

1904 年 7 月 15 日，契诃夫因病去世，终年 44 岁。

学海拾贝

契诃夫是一位业余文学家。他是从医科大学毕业的一个职业医生，终生行医，又终生从事文学创作。正因为这样，契诃夫的创作才是真正现实主义文学的创作，他的作品有着浓郁的生活气息。

妇女意识的觉醒《玩偶之家》

话剧《玩偶之家》是挪威作家易卜生的代表作,主要写主人公娜拉从爱护丈夫、信赖丈夫到与丈夫决裂,最后离家出走,摆脱玩偶地位的自我觉醒过程。在戏剧史上,易卜生被认为是"欧洲近代戏剧新纪元的开创者"。

易卜生是挪威人民引以为豪的戏剧大师,1828年3月20日出生于挪威海滨一个小城希恩。少年时期,因父亲破产,家道中落,易卜生没有上过大学,不满16岁就到一家药店当学徒。社会的势利,生活的艰辛,培养了他的愤世嫉俗的性格和个人奋斗的意志。在繁重而琐碎的学徒工作之余,他刻苦读书求知,并学习文艺写作。

1848年,欧洲的革命浪潮和挪威国内的民族解放运动激发了易卜生的政治热情和民族意识,他开始写一些歌颂历史英雄的富有浪漫色彩的剧作。接着,他先后在卑尔根和奥斯陆被剧院聘为导演和经理,达十余年之久。这段经历加深了他对挪威社会政治的失望,于是愤而出国,在意大利和德国度过了27年的侨居生活,同时在创作上取得了辉煌的成就,晚年才回到祖国的首都奥斯陆。

易卜生的整个创作生涯恰值十九世纪下半叶。在他的笔下,欧洲资产阶级的形象比在莎士比亚、莫里哀笔下显得更腐朽、更丑恶,也更令人憎恨。他犀利的笔锋饱含着愤激的热情,戳穿了资产阶级在道德、法律、宗教、教育以及家庭关系多方面的假面具,揭露了整个资本

↑易卜生

主义社会的虚伪和荒谬。

《玩偶之家》就是对于资本主义私有制下的婚姻关系、对于资产阶级的男权中心思想的一篇义正辞严的控诉书。女主人娜拉表面上是一个未经世故开凿的年轻妇女，一贯被人唤作"小云雀""小松鼠"，实际上她性格善良而坚强，为了丈夫和家庭不惜忍辱负重，甚至准备牺牲自己的名誉。她因挽救丈夫的生命，曾经瞒着他向人借了一笔债；同时想给垂危的父亲省却烦恼，又冒名签了一个字。就是由于这件合情合理的行为，资产阶级的"不讲理的法律"却逼得她走投无路。更令她痛心的是，真相大白之后，最需要丈夫和她同舟共济、承担危局的时刻，她却发现自己为之作出牺牲的丈夫竟是一个虚伪而卑劣的市侩。她终于觉醒过来，认识到自己婚前和婚后都不过是丈夫的玩偶，从来就没有过独立的人格。于是，她毅然决然抛弃丈夫和孩子，从囚笼似的家庭出走了。

但是，娜拉出走之后怎么办？这是本剧读者历来关心的一个问题。在世界文学史上，易卜生曾经被称为"一个伟大的问号"。这个"问号"至今仍然发人深省，促使人们思考：在资本主义私有制经济基础被摧毁之后，应当怎样进一步消除和肃清易卜生在《玩偶之家》等剧中所痛斥的资产阶级的传统道德、市侩意识及其流毒。在这个意义上，易卜生的戏剧对于以解放全人类为己任的无产阶级，正是一宗宝贵的精神财富。

↑《玩偶之家》原稿的封面

学海拾贝

易卜生一生共写了二十多部剧作，除早期那些浪漫抒情诗剧外，主要是现实主义的话剧。这些话剧大都以习见而又重大的社会问题为题材，通常被称为"社会问题剧"。《社会支柱》《玩偶之家》《群鬼》和《人民公敌》是其中最著名的代表作。

黑色幽默之父 马克·吐温

马克·吐温是美国批判现实主义文学的奠基人，世界著名的短篇小说大师。马克·吐温的作品主要以轻松诙谐的笔调批判社会中的种种不平等现象，所以现代美国人常常把他称为"黑色幽默"之父。

1835年11月30日，马克·吐温于出生于美国密苏里州的一户平凡的人家。他的父亲是一位正直诚实的法官，母亲心胸开阔，是一位具有十足的乐天派性格的家庭主妇。他出生后，父母为他取名为塞缪尔·朗赫恩·克里曼斯，马克·吐温是他后来的笔名。深受双亲的影响，马克·吐温从小性格坚韧顽强、崇奉真理、乐观开朗。

由于父亲收入微薄，家庭负担很重，马克·吐温上学时就不得不打工。儿时生活的贫穷和长期的劳动生涯，不但为他以后的文学创作累积了素材，更铸就了一颗正义的心。马克·吐温12岁那年，他的父亲去世了。从此，他开始了独立的劳动生活，在印刷所做学徒。1850年，他来到哥哥办的印刷所工作。这时，他的第一篇短篇小说在波士顿的滑稽周刊《手提包》上发表。

为了生计，马克·吐温先后参加过军队，采过矿，做过报社的新闻记者。就在这段时期内，他开始使用笔名"马克·吐温"。1865年，马克·吐温发表了他的成名作《卡拉维拉斯有名的跳蛙》，它标志着马克·吐温文学事业的开端，也是其一生的转折点。

↑ 马克·吐温

接着，马克·吐温乘坐一艘大客轮进了一次环球旅行，领略了法国、意大利、希腊等地的风光。欧洲令人神迷心醉的景观、浪漫的艺术氛围、奇闻异事、风土人情使他积累了丰富的创作素材。回来后，他写出了为自己赢得崇高荣誉的作品——《傻子国外旅行》。

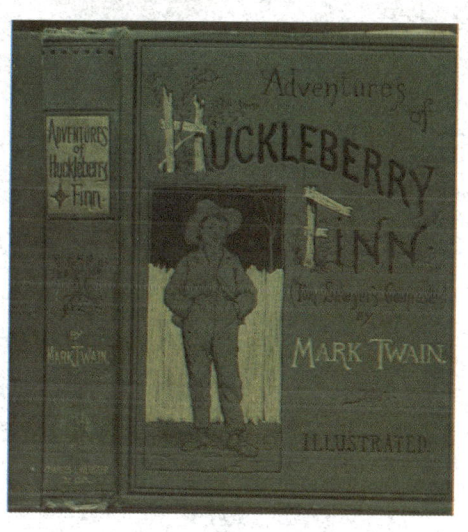

1870年，马克·吐温发表了短篇小说《竞选州长》。这篇小说充满了令人哑然失笑的幽默，对资产阶级的虚伪民主进行了辛辣的讽刺。从1871年到1889年的近20年里，马克·吐完成了《汤姆·索亚历险记》《哈克贝利·费恩历险记》《亚瑟王朝里的康涅狄格州美国人》等其一生最有影响力的作品。《汤姆·索亚历险记》一问世就受到社会各方面的广泛赞扬，随着作品的成功，马克·吐温探索出了最适合自己的风格题材，他的创作高峰正在到来。

↑ 马克·吐温的《哈克贝利·费恩历险记》封面

1877年，马克·吐温开始酝酿哈克贝利·费恩的故事。第二年，他带全家去欧洲旅行，访问了德国、英国、法国、意大利、荷兰等国，一边饱览山水风情，一边搜集写作素材。1883年夏，马克·吐温一气呵成了《哈克贝利·费恩历险记》。

这部创作了7年的小说是《汤姆·索亚历险记》的续篇。作为一部文学巨著，全书内涵丰富深刻，在谋篇布局上有非凡的高超技巧，开创了美国文学的一代文风，其影响不亚于一场文学革命。

如今，马克·吐温逝世已近100年了，然而，他那热情的幽默和辛辣的讽刺却从未像今天这样使全世界数百万人感到如此亲切珍贵。

学海拾贝

《汤姆·索亚历险记》既是有很高艺术性的少儿读物，又是让成人们深思的讽刺性读物。马克·吐温运用丰富的想象，构造出跌宕起伏、引人入胜的情节，其中类似惊险小说手法设置的重重悬念，扣人心弦。

美国现代短篇小说之父 欧·亨利

欧·亨利是美国著名批判现实主义作家。他善于描写美国社会尤其是纽约百姓的生活，语言诙谐幽默，结局出人意料；又因描写了众多的人物，富于生活情趣，被誉为"美国生活的幽默百科全书"。

欧·亨利原名威廉·西德尼·波特，是美国最著名的短篇小说家之一，曾被评论界誉为"曼哈顿桂冠散文作家"和"美国现代短篇小说之父"。

1862年9月11日，欧·亨利出生于美国北卡罗来纳州格林斯波罗镇一个医师家庭。他3岁时，母亲就去世了。15岁时，欧·亨利走向了社会，从事过多种职业。1889年，他和一个叫罗琦的姑娘结婚，并创办《滚石》杂志，开始发表幽默小品。

结婚后，他有了一个女儿。可正当欧·亨利的生活比较安逸之时，却发生了一件意想不到的事情。奥斯汀银行指控欧·亨利在任职期间盗用资金。为了躲避受审，他离家逃往中美洲的洪都拉斯。1897年，妻子病危，欧·亨利回家探视时被捕入狱，判处5年徒刑。在监狱里，他开始进行创作，并以"欧·亨利"的笔名发表短篇小说。1901年提前获释后，他迁居纽约，专门从事写作。但因第二次婚姻的不幸，加之饮酒过度，欧·亨利于1910年6月5日在纽约病逝。

欧·亨利在短暂的一生中，创作了大量的优秀作品：270多部短篇小说、1部长篇

↑ 欧·亨利

小说以及数量很少的诗歌。其中包括《四百万》《西部之心》《市声》《滚石》等集子。他的作品构思新颖，结局出人意料，人物众多，富于生活情趣，被誉为"美国生活的幽默百科全书"。

欧·亨利承袭了美国文学传统的幽默，受同时代作家的影响，加之一生坎坷的经历，使得他的幽默充满了辛酸的笑声。他最出色的短篇小说如《爱的牺牲》《警察与赞美诗》《带家具出租的房间》《麦琪的礼物》《最后的常春藤叶》等都被列入世界优秀短篇小说之中。

在短篇小说大师欧·亨利的《最后一片藤叶》中，讲了这样一个故事：在一所又宽又矮的三层楼砖房顶楼的廉价画室里，住着苏和琼西两位热爱艺术的女孩。到了11月，琼西患上了严重的肺病，医生说她恢复的几率只有十分之一。

琼西知道自己快不行了，就每天看着窗外对面墙上的常春藤叶子，看着叶子不断被风吹落，她说，最后一片叶子飘落的时候，就是她在这个世界上的最后一天。这天夜里，"寒冷的雨夹杂着雪花不停地下着"，最后一片叶子飘落了。一个老画家知道这件事后，便用心灵的画笔画出了一片"永不凋落"的常春藤叶，编造了一个善良而真实的谎言。老画家为此付出了生命的代价——患肺炎去世，而琼西却因此获得勇气而活了下来。

欧·亨利在这篇小说中寄托的思想和感情，即使在今天看来也有很深刻的教育意义。

> **学海拾贝**
>
> 欧·亨利惯于在夸张、嘲讽、风趣、诙谐和机智之中表现凄楚的幽默。《麦琪的礼物》让人苦笑，《警察与赞美诗》让人"含泪而笑"，这种"黑色的幽默"深化了作品的社会意义，具有长久的艺术魅力，欧·亨利因此被列为"世界三大短篇小说家"之一。

▼ 欧·亨利小说的早期插图

美国现实主义作家 杰克·伦敦

杰克·伦敦是美国著名的现实主义作家。他的作品大都带有浓厚的社会主义和个人主义色彩，因此有人认为他是宣扬社会主义的作家，也有人认为他是表现个人主义和民众哲学的自然主义作家。

1876 年 1 月 12 日，杰克·伦敦出生于美国加利福尼亚州旧金山一个破产的农民家庭。从童年起他便饱尝了贫困的滋味：早上 3 点必须起床贩卖早报，放学后继续贩售晚报，而且还当过牧童和码头小工。

杰克·伦敦小时候主要是靠自学，他的学费必须靠自己赚取。他曾说，自己的文学写作热情最初来自维达的长篇小说《西格纳》，这部小说中一个没有上过学的意大利农民的小孩通过努力最后成为著名歌剧作家。1890 年，他因贫困辍学，并在满 14 岁（不再是童工）后进入一家罐头厂工作。

1892 年，杰克·伦敦失业了，开始在美国东部和加拿大各地流浪，住在大都市的贫民窟里。贫民窟生活是他后来创作的最重要素材之一，他经常写有关美国贫民窟的故事。23 岁时，他的第一篇小说《给猎人》发表了，24 岁时出版了第一个短篇小说集《狼之子》。

1903 年，杰克·伦敦发表了著名小说《野性的呼唤》，故事叙述了一条名叫巴克的狗历经磨难，最终回到了自

↓ 杰克·伦敦

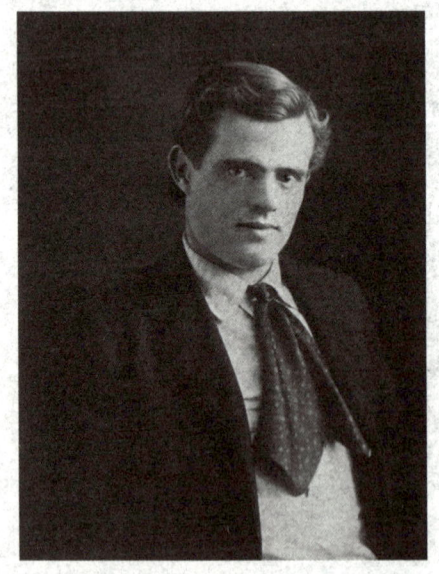

然的野生环境。小说十分畅销，后被多次改编成电影。整个故事以阿拉斯加淘金热为背景，讲述了在北方险恶的环境下，巴克为了生存，如何从一条驯化的南方狗发展到似狗非狗、似狼非狼的野蛮状态的过程。

杰克·伦敦的思想是混杂的。他读过马克思的著作，也读过黑格尔、斯宾塞、达尔文和尼采的著作。在他青年时代的作品中，人们可以感受到他向资本主义社会挑战的脉搏。

1907年，杰克·伦敦创作的《铁蹄》，指出美国资本主义有向极权主义转变的可能性，还对法西斯主义的兴起和消灭作了有预见性的警告。带有自传性的小说《马丁·伊登》揭露了资本主义社会的残酷无情，对人性的蹂躏，对正义的践踏。

1916年11月22日，杰克·伦敦用自杀结束了40年的人生。他24岁开始写作，在他短暂的创作生涯中，共留下了19部长篇小说、150多篇短篇小说以及大量文学报告集、散文集和论文，最著名的除《马丁·伊登》《野性的呼唤》《铁蹄》外，还有《白牙》《热爱生命》《海狼》等小说。杰克·伦敦的创作，笔力刚劲，语言质朴，情节富于戏剧性。他常常将笔下人物置于极端严酷、生死攸关的环境之下，以此展露人性中最深刻、最真实的品格。杰克·伦敦赞美勇敢、坚毅和爱这些人类的高贵的品质，他笔下那"严酷的真实"常常使读者受到强烈的心灵震撼。

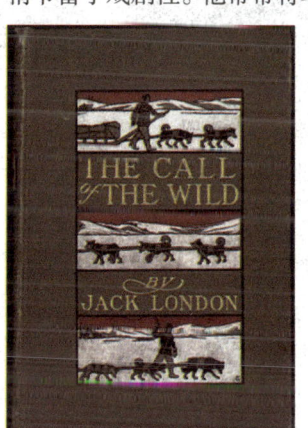

↑《白牙》封面

↑《野性的呼唤》封面

学海拾贝

为了掌握文化知识，实践写作，杰克·伦敦争分夺秒地勤奋学习。他每个衣袋中都装有写着一行行字的纸片，当他到图书馆或出外访问的途中便加以朗读，甚至在吃饭时，也默诵着它们。

荡涤心灵的语文故事

第五章

Di-wu Zhang

自然主义和其他文学流派

Ziran Zhuyi He Qita Wenxue Liupai

19世纪下半叶的欧洲文学,现实主义方兴未艾,古典主义消退殆尽,浪漫主义余波犹存。后来又陆续出现了新的流派,其中影响最大的是源自法国的自然主义、象征主义和唯美主义。而20世纪的俄罗斯文学则成为现实主义文学潮流的一大奇观。

短篇小说之王 莫泊桑

莫泊桑是19世纪下半叶期法国优秀的批判现实主义作家。他的文学成就以短篇小说最为突出，被誉为"短篇小说之王"，对后世产生了极大的影响。

1850年8月5日，莫泊桑出生在法国西北部诺曼底省狄埃卜城附近一个没落的贵族之家。他的祖辈都是贵族，但到他父亲这一代时就没落了。他的父亲做了交易所的经纪人，母亲出身于书香门第，有很深的文学修养，尤其喜爱诗歌。莫泊桑在母亲的影响下，很小的时候便憧憬做一位诗人。在莫泊桑出生后不久，父母由于感情不合，母亲便带他住在海边一个别墅里。幼年时的莫泊桑喜欢在苹果园里游玩，在草原上观看打猎，喜欢和农民、渔夫、船夫、猎人在一起聊天、干活，这些经历使莫泊桑从小就熟悉了农村生活。

13岁时，母亲将莫泊桑送进一所教会学校。没过多久，他便因为写了一首爱情诗，被学校除名。母亲便又把他送进鲁昂一所中学，在这里，著名诗人和戏剧家路易·布耶成了他的导师。路易·布耶是一位著名的巴那派诗人，他经常指导莫泊桑进行多种体裁的文学创作。除了路易·布耶，莫泊桑还有一位老师——当时著名的作家福楼拜。

↑ 莫泊桑

福楼拜是莫泊桑舅舅和母亲的好友。莫泊桑 17 岁时开始接受福楼拜的指导，经常带着自己写好的诗歌、剧本或小说等作品去请教福楼拜。福楼拜每次总是耐心地教导，他希望莫泊桑成为一个具有独创性的作家。福楼拜着力培养莫泊桑力透纸背的文笔、洞察事理的眼力以及遣词造句的能力。

福楼拜告诫他说："不论一个作家要描写什么东西，只有一个词可供他使用，用动词要使它生动，用形容词要使它性质鲜明。因此就得去寻找，直到找到了这个词，而决不要满足于差不多。"

在福楼拜的指导下，莫泊桑坚持不懈地练笔，他的手稿堆成一座座小山。后来，他完成了著名的短篇小说《羊脂球》。这部小说写的是被敌军占领的里昂城里十几位居民同乘一辆马车出逃的故事。一辆马车就是一个社会的缩影。莫泊桑通过乘客们出逃的不同原因，一路上的表现，特别是对妓女羊脂球前后不同态度的变化，揭露现实世界中赤裸裸的金钱交易和贵族们丑恶肮脏的灵魂。《羊脂球》一经发表，就轰动了法国文坛，被公认为"稀世杰作"。莫泊桑因此一跃登上了法国文坛。他后来的绝大部分作品都是此后 10 年间创作的。

莫泊桑一生勤奋创作，喜欢隐居，他常常独自前往世界各地旅行。1891 年，他患上了精神错乱病，后来被送进巴黎的一家疯人院。1893 年 7 月 6 日，他在疯人院中去世，年仅 43 岁。

↑《羊脂球》封面

学海拾贝

一个世纪以来，莫泊桑的作品一直保持着不朽的艺术魅力。他在短篇小说方面的巨大成就，为他赢得了"短篇小说大师"的美誉，他与契诃夫和欧·亨利并称为"世界三大短篇小说巨匠"，对后世产生了极大影响。

荡涤心灵的语文故事

苏联无产阶级作家 高尔基

高尔基是苏联无产阶级作家，是社会主义现实主义文学的奠基人。高尔基不仅是伟大的文学家，而且也是杰出的社会活动家。他组织成立了苏联作家协会，培养文学新人，积极参加保卫世界和平的事业。

↑托尔斯泰与高尔基

高尔基原名阿列克赛·马克西莫维奇·彼什科夫，1868年出生于下诺夫哥罗德。他的父亲是一个木匠，早在他只有4岁时就已经离开人世。之后，年幼的高尔基便随着母亲寄居外祖父家。

从11岁开始，高尔基便为生计在社会上奔波。他曾经从事过装卸工、面包房工人等工作。在贫寒的生活中，高尔基通过顽强自学，掌握了欧洲古典文学、哲学和自然科学等方面的知识。就这样，只上过两年小学的高尔基在24岁那年，发表了他的处女作——刊登在《高加索日报》上的短篇小说《马卡尔·楚德拉》。小说反映了吉卜赛人的生活，情节曲折生动，人物性格鲜明。

据说当时报纸编辑见到这篇来稿十分满意，于是通知作者到报馆去。当编辑见到高尔基时大为惊异，他没想到，写出这样出色作品的人竟是个衣着褴褛的流浪汉。这位编辑对高尔基说："我们决定发表你的小说，但稿子应当署个名才行。"高尔基沉思了一下说道："那就叫马克西姆·高尔基吧。"原来，在俄语里，"高尔基"的意思是"痛苦"，"马克西姆"的意思是

"最大的"。从此，他就以"最大的痛苦"作为笔名，开始了自己的创作生涯。

1898年，高尔基的第一个作品集《随笔与短篇小说集》问世，引起国内外广泛关注。在其早期创作中，既有浪漫主义作品，也有现实主义作品。浪漫主义作品有：《少女与死神》《伊则吉尔老婆子》《鹰之歌》《海燕》等。这些作品一方面反映了人民群众对革命、自由的渴望，也表达了高尔基对光明未来的憧憬，特别是1901年创造的海燕形象，被认为是即将来临的革命风暴的象征，给人们极大鼓舞。现实主义作品包括：《切尔卡什》《奥尔洛夫夫妇》《柯诺瓦洛夫》《沦落的人们》《草原上》《因为烦闷无聊》《二十六个和一个》等。这些作品主要批判资产阶级世界和市侩的卑鄙龌龊，同时也表现人民群众在政治上的觉醒，表达他们对剥削制度的愤怒和抗议。

1905年~1907年俄国革命期间，高尔基积极投身于无产阶级革命斗争。在此期间，他写出了两部最重要的作品《母亲》和《仇敌》，这两部作品使高尔基的创作达到了新的高峰。在十月革命前后，高尔基还写了许多重要作品：《夏天》《三人》《马特维·克日米亚金的一生》《意大利童话》《俄罗斯童话》以及自传体三部曲《童年》《在人间》《我的大学》等。

1922年，高尔基出国养病，并在此期间完成了长篇小说《阿尔达莫诺夫家的事业》。晚年的高尔基除了写了许多热情洋溢的特写、政论、评论文章外，还著有史诗型长篇小说《克里姆·萨姆金的一生》。1936年，这位苏联伟大的作家因病离开了人世。

> **学海拾贝**
>
> 高尔基写的《海燕》是一篇有巨大影响的散文诗。这篇著名的作品，通过对海燕在暴风雨即将来临之际勇敢欢乐的形象描写，深刻反映了1905年俄国革命前夕急剧发展的革命形势，热情地歌颂了俄国无产阶级革命先驱者坚强无畏的战斗精神。

↓ 高尔基与列宁

令人惊奇的佳作《静静的顿河》

《静静的顿河》是苏联著名作家肖洛霍夫的一部力作。这部作品一经问世,立刻受到国内外的瞩目,被称为"令人惊奇的佳作"。1965 年,肖洛霍夫因此书获诺贝尔文学奖,成为第三位获此殊荣的苏联作家。

1905 年 5 月 24 日,肖洛霍夫出生在顿河维申斯克镇附近的克鲁日林村。他的父亲当过店员和磨坊经理,喜欢读书,平时常常订阅各种文艺报刊和书籍,所以肖洛霍夫从小就对文学产生了浓厚的兴趣。

肖洛霍夫上中学时,因 1918 年爆发的国内战争蔓延到学校而被迫休学。1922 年,他来到莫斯科,开始从事文学活动,并参加了文学团体"青年近卫军"。1923 年,肖洛霍夫与一位哥萨克的女教师玛丽姬·格罗斯拉夫斯卡娅结婚。1923 年～1924 年,《青年真理报》登载了肖洛霍夫的三篇杂文《考验》《三》《钦差》和其第一部短篇小说《胎记》。

1925 年,年轻的肖洛霍夫从莫斯科回到顿河的家乡以后,开始创作长篇小说《静静的顿河》。1926 年,他还出版小说集《顿河故事》和《浅蓝的原野》(后合为一集),受到文坛的关注。1940 年,长篇小说《静静的顿河》完成,并引起了极大的反响。

《静静的顿河》通过描写顿河边几个

↑肖洛霍夫

哥萨克家庭的悲欢离合，再现了 20 世纪初俄国社会动荡变革的历程，描绘了这场历史进程中人们的思想、感情、意识等的震荡冲突。哥萨克独特的风土人情、哥萨克各个阶层的变化、广大哥萨克人在复杂的历史转折关头所经历的曲折道路，以及卷入历史事件强大漩涡中的主人公葛利高里的悲剧命运，都得到了很好的表现。

↑ 1956 年除夕和 1957 年元旦，在《真理报》连载《一个人的遭遇》。

这部作品充满了顿河流域浓厚的乡土气息。肖洛霍夫因本书获得 1965 年的诺贝尔文学奖，诺贝尔评委们的授奖词是这样的：由于肖洛霍夫在描绘顿河流域农村的史诗性作品中，以艺术家的热忱和活力，成功地表现了俄罗斯民族生活中具有历史意义的一个侧面。

在创作《静静的顿河》期间，肖洛霍夫又完成了反映农业集体化运动的长篇小说《被开垦的处女地》。卫国战争时期，肖洛霍夫上过前线，写了许多通讯、特写和短篇小说。1943 年，肖洛霍夫开始发表反映卫国战争的长篇小说《他们为祖国而战》。1957 年，肖洛霍夫发表的短篇小说《一个人的遭遇》，被视为当代苏联军事文学新浪潮的开篇之作。

洛霍夫的绝大部分成功作品都是以顿河地区人民的生活为素材。肖洛霍夫深深地爱着这片养育了他的土地。即使是在功成名就之后，肖洛霍夫也不曾离开过自己的家乡。他用过自己毕生的时间观察和了解着这片土地，向世人展示着这片土地的深沉与厚重。

学海拾贝

小说《静静的顿河》场景宏伟，画面生动；宏大的战争和革命场面与细腻的日常生活场面相互转换，风景描写与人物心理变化彼此衬托；众多人物及其命运在历史事件的错综复杂中得到了深刻表现。

人生的路标 《钢铁是怎样炼成的》

《钢铁是怎样炼成的》是苏联作家奥斯特洛夫斯基所著的一部长篇小说，它生动地描述了一代工人阶级青年在苦难中诞生，在苦难中成长的过程。同时，这本书被视为生活的教科书，被一代代的读者所传承。

"人最宝贵的东西是生命，生命属于我们只有一次。人的一生应该是这样度过的：当他回首往事的时候，他不会因为虚度年华而悔恨，也不会因为碌碌无为而羞愧。这样，在临死的时候，他就能够说：'我的整个生命和全部的精力，都献给了世界上最壮丽的事业——为人类的解放而斗争。'"

这是小说《钢铁是怎样炼成的》中最著名的一段话，这句关于共产主义的名言，激励了一代又一代年轻人把青春、生命献给人民的事业。小说的主人公保尔·柯察金就是作者奥斯特洛夫斯基的化身。

1904年9月29日，奥斯特洛夫斯基出生在乌克兰洛文斯克省，父亲是酿酒工人，母亲是地主家的厨娘。因为家庭的贫寒，奥斯特洛夫斯基只断断续续地上过几年学，但他从小具有极强的求知欲，渴望读书。在学校里，他不仅成绩优秀，而且十分活跃，是老师的好助手。他试写过童话、短篇小说和诗歌，在学生自编手写

↑ 奥斯特洛夫斯基

的"杂志"《青春的色彩》上发表过习作。

1919年，奥斯特洛夫斯基加入共青团，随即参加国内战争。在1920年秋的一场战斗中，他身负重伤。由于他长期参加艰苦斗争，身体健康受到严重损害。1927年初，22岁的奥斯特洛夫斯基完全瘫痪，卧病在床，并且双目失明。但他毫不屈服，以惊人的毅力同病魔作斗争。正是在这艰难时刻，奥斯特洛夫斯基决意通过文学作品，来展现当时的时代面貌和个人的生活体验。

《钢铁是怎样炼成的》是奥斯特洛夫斯基强忍病痛，在病榻上历时三年于1933年完成的。故事就取材于他的亲身经历。

小说写成后被出版社多次退稿，后经朋友们的努力，在《青年近卫军》杂志上从1932年到1934年分11期连载发表。小说受到评论界的冷遇，但得到了广大读者的追捧。1935年，米·科利佐夫在苏联《真理报》上发表介绍奥斯特洛夫斯基的报道，造成全国轰动。同年10月，奥斯特洛夫斯基被授予国家级最高荣誉列宁勋章。

《钢铁是怎样炼成的》这部小说赞扬了在绝望的命运中仍坚强不屈，向命运挑战的精神，鞭挞了那些只会作威作福的资本家与资本主义社会的丑陋，表现出了作者所代表的当时无产阶级对受压迫命运的抗争精神。

1935年底，苏联政府授予奥斯特洛夫斯基列宁勋章，以表彰他在文学方面的创造性劳动和卓越的贡献。1936年12月22日，由于重病复发，奥斯特洛夫斯基在莫斯科逝世。

> **学海拾贝**
>
> 《钢铁是怎样炼成的》通过对主人公保尔·柯察金的成长道路的描写，揭示了艰难困苦中，只有把自己的追求和他人的幸福联系在一起，才会创造出奇迹，才会成长为钢铁战士的主旨。革命者在斗争中百炼成钢，是小说的一个重要主题。

▼《钢铁是怎样炼成的》中的插图

文坛硬汉 海明威

海明威是美国著名的小说家，1954 年诺贝尔文学奖获得者。他的代表作《老人与海》中的"硬汉"形象成为海明威式的英雄代表。虽然海明威已经去世，但在人们心中，他永远是英雄和勇气的化身，是强悍和智慧的象征。

海明威于 1899 年 7 月 21 日出生在美国伊利诺斯州的橡树园里。他的父亲是镇上的一个医生，母亲曾是一名歌剧演员。海明威在橡树园的国立学校接受了正规的教育。高中毕业后，他来到堪萨斯城，在《堪萨斯星报》谋了个记者职位。

在第一次世界大战爆发 3 年后，美国对德宣战。第二年，海明威辞去记者工作，参加红十字会，充当战地救护车司机，如愿以偿地穿上了军服。在第一次世界大战中，海明威为了救护伤员被机枪打伤，差点失去一条腿。这种创伤转化为深刻的生命体验，在他后来的代表作中，绝大多数是以战争为主题的。

战争结束后，海明威来到巴黎，开始为《多伦多星报》撰写通讯。27 岁时，他完成了长篇小说《太阳照样升起》，获得了文学评论界的交口称赞，随后风靡整个欧洲。3 年后，海明威又发表了第二部长篇小说《永别了，武器》。这部名作引起了公众的共鸣，被认为是最优秀的战争小说之一。

1940 年，海明威又发表了长篇小说《丧钟为谁而鸣》。这部小说写了一个美国志愿

↑ 海明威

者参加西班牙共和军反抗佛朗哥独裁政权的战斗，最终牺牲在异国土地上的故事。小说出版后又获得了一次大丰收，半年之内就卖掉了50万册。

1946年，海明威完成了中篇小说《老人与海》。这部小说展现出这样一幅精彩的画面：在苍茫的大海上，一艘孤零零的小船上坐着一个孤零零的老人，在狂风巨浪中他就像一位真正的男士，与巨大的马林鱼、凶悍的鲨鱼搏斗……最终他的船平安靠岸，那条马林鱼却被鲨鱼吃得只剩下一副骨架。可老人仍不服输，因为他坚信："人不是生来要给打败的，一个人可以被毁灭掉，但不能被打败。"这体现了海明威对待人类社会的基本态度，使他的"硬汉性格"显得深沉、有力而真实。这种悲壮雄浑的寓言式主题，使《老人与海》先后获得了美国普利策文学奖和诺贝尔文学奖。

海明威的许多作品中都曾塑造了百折不挠的"硬汉"形象。然而，在海明威62岁时，他因无法摆脱病痛的折磨，用一杆猎枪结束了自己的生命。自杀令后人对海明威非议颇多，但即便如此，海明威的创作艺术以及他作品中的"硬汉"精神却永远留存。

↑《老人与海》中的插图

学海拾贝

由于追求简洁的文风，海明威十分重视作品的修改。他的长篇小说《永别了，武器》初稿写了6个月，修改又花了5个月，清样出来后还在改，最后一页一共改了近40次才满意。

魔幻现实主义大师 马尔克斯

马尔克斯是魔幻现实主义大师、1982 年诺贝尔文学奖得主。他以名著《百年孤独》享誉世界，曾于 1996 年被瑞士《周刊》评选为"在世的最伟大作家"。阿根廷作家博尔赫斯称"马尔克斯是哥伦比亚的莎士比亚"。

1928 年 3 月 6 日，加西亚·马尔克斯出生在哥伦比亚的阿拉塔卡镇。这是加勒比海岸的一个小镇，后来在他的小说中逐渐变形，成了《百年孤独》的背景。他的父亲是一个电报报务员兼顺势疗法医生。在 16 个孩子中，马尔克斯排行老大。他的童年是在外祖父家中度过的。他的外祖父当过上校军官，参加并指挥过著名的"千日战争"。马尔克斯的中篇小说《没有人给他写信的上校》便源出于此。他的外祖母博古通今，尤其酷爱占卜算命，她常常给马尔克斯讲神话传说和鬼怪故事。马尔克斯承认写作《百年孤独》的初衷，就是要为童年时代的全部体验寻找一个"完美无缺的文学归宿"。

13 岁时他就读于首都波哥大的一所教会学校。到了 18 岁，从小就迷恋文学的马尔克斯在父亲的强迫下，很不情愿地念了国立波哥大大学，攻读法律。1948 年，哥伦比亚发生内战，大学课程还没有念完，他就中途辍学干起了新闻记者。此后，他从事过多年新闻记者和电影工作，并不断进行艰苦卓绝的创作。

在漫长的写作生涯中，他的妻子梅塞德斯始终默默地支持着他。两人初次邂逅时，梅塞德斯才

↑ 加西亚·马尔克斯

13 岁。马尔克斯认为，这位具有埃及血统的女孩有着"尼罗河一般的娴静之美"。在经过 13 年的爱情长跑后，两人终于在 1958 年步入婚姻的殿堂。

1965 年，马尔克斯开始创作《百年孤独》。小说写了半年才写到一半，此时他们所有积蓄都已花光。梅塞德斯便背着丈夫把家里能当的东西都当掉了，而给丈夫写作用的新闻纸却从未短缺过。马尔克斯曾心怀感激地说："她瞒着我把所有的事情都承担起来了，要是没有她，我永远也写不成这本书。"

《百年孤独》于 1967 年出版后，立即被译成多种文字。马尔克斯没有想到，自己的书会"像香肠一样被出售"，他因此获得多种奖项和丰厚的报酬。1982 年，在获得诺贝尔文学奖后，正逢哥伦比亚地震，他回到祖国。1999 年，马尔克斯被医生诊断为淋巴癌，由于身体每况愈下，他不得不在 2006 年宣布封笔。

↑《百年孤独》小说扉页

《百年孤独》是马尔克斯展示自己魔幻现实主义手法的代表作。小说以生活在马孔多的何塞·阿卡迪奥·布恩迪亚家族七代人的故事为中心，叙述了布恩迪亚家族的编年史。书中有飘泊的鬼魂、怪异的预兆，似乎是一个孩童在信心十足地讲述着拉丁美洲一个神奇的家族故事。

马尔克斯以《百年孤独》这部名著享誉世界，他曾于 1996 年被瑞士《周刊》评选为"在世的最伟大作家"。魔幻现实主义文学大师博尔赫斯也认为马尔克斯是哥伦比亚的莎士比亚。《百年孤独》是拉丁美洲的光荣和自豪。由此可见，马尔克斯是当今世界公认的了不起的大文豪。

学海拾贝

除《百年孤独》外，马尔克斯的主要作品还有长篇小说《族长的没落》《霍乱时期的爱情》《迷宫中的将军》《苦妓追忆录》，中篇小说《枯枝败叶》《恶时辰》《没有人给他写信的上校》《一件事先张扬的凶杀案》，短篇小说集《蓝宝石般的眼睛》《格兰德大妈的葬礼》等。

第六章 Di-liu Zhang

东方文学

Dongfang Wenxue

东方文学是世界文学的源头,在几千年的发展中,它经历了"产生、发展、繁荣、衰落、复兴、崛起"等不同历史阶段,一个突出的标志是"文以载道"等文学观念渐居其次,人道、人性以及对人的生存价值和人格尊严极为关注的新文学逐渐发展。

最早的史诗《吉尔伽美什》

古代两河流域的文学创作十分丰富，史诗《吉尔伽美什》是古巴比伦文学中最为著名的作品。它代表着古代巴比伦文学的最高成就，也是迄今为止发现的世界文学史上最早的一部完整的史诗。

《吉尔伽美什》是迄今为止发现的世界上最早的一部史诗，它讲述了英雄吉尔伽美什一生的传奇故事。

吉尔伽美什是大神阿鲁鲁创造的。他身世非凡，臂力过人，"三分之二是神，三分之一是人"。这位"英雄中的英雄"统治着乌鲁克这座美丽的城池，可他给这座城池带来的却不是祥和与富足，怨声载道的百姓这样倾诉他们的不满："吉尔伽美什不给父亲们保留儿子，日日夜夜，他的残暴从不敛息……"

天神听到百姓的哭诉后，就派出第一个神造之人恩奇都降临人间，让恩奇都去制服吉尔伽美什。吉尔伽美什和恩奇都展开了殊死搏斗，结果不分胜负。最后两位英雄不打不相识，结为好友，两人共享王位，平等地治理国家。伟大的友谊使吉尔伽美什性情大变，做了许多有益于人类的事。他们先后战胜了沙漠中的狮子，杀死了杉树林中危害百姓的怪人芬巴巴。

吉尔伽美什凯旋时，得到了百姓的爱戴和欢迎。伊什塔尔向他表达爱意，并说如果他接受她的爱情，就能享受无尽的荣华富贵。吉尔伽

▼ 记载大洪水章节的一块泥板

美什却拒绝了伊什塔尔。遭到拒绝的伊什塔尔由爱生恨，便请天牛替她报受辱之仇。吉尔伽美什和恩奇都与天牛展开了生死搏斗，最终除掉了天牛。但他们却受到了伊什塔尔的父亲和天神安努的惩罚。

天神让恩奇都患上致命的疾病，离开了人世。恩奇都的死对吉尔伽美什的打击很大。他回忆起与恩奇都一起远征的岁月，不禁感慨万分，悲痛欲绝并因此对死亡充满了恐惧。他决心抛弃荣华富贵，去国离乡、翻山越岭到人类的始祖乌特·纳比西丁那里去探寻永生的秘密。他历尽千辛万苦终于找到了乌特·纳比西丁。乌特·纳比西丁指引吉尔伽美什取得长生不老的仙草，不料仙草却被蛇叼走，吉尔伽美什最后只得沮丧地回到了乌鲁克。全诗以吉尔伽美什与恩奇都的灵魂对话而结束。

早在四千多年前《吉尔伽美什》的故事就已在苏美尔人中流传，后来经过千百年的加工提炼，终于在古巴比伦王国时期（前19世纪—前16世纪）用文字形式固定下来，成为一部巨著。全诗长3 000多行，用楔形文字记载在12块泥板上。史诗的主人公吉尔伽美什的名字被保存在苏美尔最古老的国王名录里。

史诗《吉尔伽美什》是两河流域的早期人类留下的文学珍宝。它塑造了一个具有坚韧不拔的战斗精神的英雄，反映了古代人民力图探寻自然法则和生死奥秘，以及渴望掌握自己命运的理想。后来，这部史诗被不断改写成不同版本流行于西亚，对古希腊神话和荷马史诗都产生了重要影响。

↑ 吉尔伽美什雕像

学海拾贝

《吉尔伽美什》最早提出了为民建立功勋的思想，反映了人同自然、社会的斗争，具有浓郁的浪漫主义色彩。全诗情节发展自由灵活，基调乐观，语言富有艺术力量，表现出积极进取的精神。

最长的史诗《摩诃婆罗多》

印度史诗《摩诃婆罗多》被誉为"印度古代社会的百科全书",是世界上最长的史诗。《摩诃婆罗多》现存的本子是在一部史诗的基础上编订而成,长达20多万行。《摩诃婆罗多》与史诗《罗摩衍那》并称为印度两大史诗。

印度史诗《摩诃婆罗多》的作者,据说是印度传说中的大圣人毗耶娑。史诗叙述,毗耶娑是渔家女贞信婚前的私生子。贞信后来嫁给福身王,生下儿子奇武。奇武婚后不久死去,留下两个遗孀。福身王面临断绝后嗣的危险。

《摩诃婆罗多》手卷中描绘俱卢之野战争的插图

于是,贞信找来在森林中修炼苦行的毗耶娑,让他代替奇武传宗接代,生下了儿子持国、般度和维杜罗。此后,毗耶娑仍然归隐森林,但他目睹并参与了持国百子和般度五子两族斗争的全过程,创作了这部史诗。

《罗摩衍那》的绘画

《摩诃婆罗多》书名意为"伟大的婆罗多王族的故事"。它的成书年代约在公元前4世纪至公元4世纪之间。史诗是纪元前后几百年间许多人积累和加工的产物,有许多不同的手写本流传下来。

《摩诃婆罗多》全书共分18篇,

以列国纷争时代的印度社会为背景，叙述了婆罗多族两支后裔俱卢族和般度族争夺王位继承权的斗争。史诗的主要内容是：象城的持国和般度是两兄弟。持国天生眼瞎，因而由般度继承王位。持国生有百子，长子叫难敌。般度生有五子，长子叫坚战。这便是伟大的婆罗多族的两支后裔，前者被称做俱卢族，后者被称做般度族。不久，般度死去，由持国摄政。坚战成年后，理应继承父亲般度的王位。但难敌不答应，企图霸占王位，纠纷从此开始。难敌和般度族五兄弟展开了争权夺位的斗争。难敌用奸计使般度族五兄弟连连失败，被迫交出国土，流亡森林12年，并在第13年里隐姓埋名，在摩差国毗罗咤王宫廷里充当仆役。13年期满后，般度族五兄弟和难敌在俱卢之野开战。

经过反复的激烈较量，双方损失惨重，俱卢族全军覆灭，难敌也被杀死了，般度族全部将士被杀，般度族五兄弟幸存。后来，坚战回国登基为王，统治了36年后，指定般度族的唯一后嗣——阿周那的孙子为王位继承人，然后自己与四个弟弟一起远行登山升天。

史诗围绕这个中心故事进行叙述，中间还穿插了大量神话传说和寓言故事。除这类文学性插话（比喻大事件中穿插小故事）之外，史诗还包含大量宗教、哲学、政治和伦理等理论，最有名的是宗教哲学长诗《薄伽梵歌》，因此长期被印度教奉为圣典。

《摩诃婆罗多》是一部以英雄史诗为核心的百科全书式的作品。对当地文学的发展产生了重要影响。

学海拾贝

史诗《摩诃婆罗多》的叙事结构像一组巨大的建筑群，那些难以计数的插话，既各自独立，又彼此关联，而且还往往有各自的讲述者、对话者乃至各自的听众，仅里面出现的故事讲述者就有400个之多。

↓《薄伽梵歌》是《摩诃婆罗多》第六篇《毗湿摩篇》中的插话，记载了黑天坐在阿周那的战车上，在战斗中他不断地向阿周那讲述超验哲学理论。

梵文剧作家 迦梨陀娑

迦梨陀娑是知名的梵文剧作家和诗人。他是长诗《云使》《鸠摩罗出世》《罗怙世系》和剧本《沙恭达罗》《摩罗毗迦与火友王》的作者。他在梵文文学上的地位有如莎士比亚在英文文学上的地位。

在印度古典梵语作品中,有这样一个感人的爱情故事:一天,英俊健美、善于骑马射箭的国王豆扇陀到野外去打猎。为了追赶一只梅花鹿,他骑马追到了很远的一个净修林中。他在这里遇见了净修林的主人干婆的养女沙恭达罗。沙恭达罗温柔美丽,天生丽质。两人一见倾心,私下成了亲。

在两个人"爱情的果实"成熟之后,豆扇陀要返回城里,这时,他留下一枚戒指做纪念,并发誓说他一回家就派人来接沙恭达罗。豆扇陀走后,沙恭达罗日夜盼望,神思恍惚,因此得罪了一位爱发脾气的仙人。仙人生气地发出诅咒说沙恭达罗的情人一定会把她忘掉。在沙恭达罗朋友的恳求下,仙人减轻了诅咒,条件是只有国王看到自己留给沙恭达罗的戒指时,才会想起他们的从前。

干婆派人送已经怀孕了的沙恭达罗到城里去和国王团聚,但是,在去王宫的路上,沙恭达罗不小心把国王留给她

↑ 沙恭达罗(右一)

130

的戒指滑落到河里。当沙恭达罗来到了王宫，豆扇陀果然不认她了，还说沙恭达罗说谎话玷污他的名声。正当沙恭达罗走投无路时，一道金光一闪而过，悲痛欲绝的沙恭达罗被接到了天上。

后来有一天，一位渔夫在河里捉到一条红色的鲤鱼，发现鱼肚子里有一枚戒指。渔夫看见戒指上刻着国王的名字，就把戒指归还给国王。国王得到这枚戒指后，立刻恢复了记忆。他想起了沙恭达罗，由于思念，他找人画了一幅沙恭达罗的肖像，整天对着画像痴痴发呆。这件事被天神知道了，他很同情豆扇陀，便邀请他到天国。在天国，豆扇陀终于找到了沙恭达罗和他的儿子。他们的儿子就是印度民族的祖先，也是印度传说中最早的一个国王。

这个故事来源于印度作家迦梨陀娑的戏剧《沙恭达罗》。迦梨陀娑是印度著名的古典梵语诗人和戏剧家，大约生活在公元5世纪。关于迦梨陀娑有很多神秘的传说，其中有一个流传最广。

传说迦梨陀娑出生于印度古代一个高贵种姓婆罗门家庭。不到1岁时，他的父母就去世了，成了孤儿的迦梨陀娑被一个牧人收养。成年后的迦梨陀娑非常英俊，一位高傲的公主对他一见倾心，就嫁给了他。可是婚后，公主发现丈夫虽然外貌英俊，但却又蠢又笨，就把迦梨陀娑赶出了家门。受了侮辱的迦梨陀娑跑到迦梨女神的庙中，向女神祈求聪明和智慧。迦梨陀娑的诚心感动了女神，迦梨女神就如了他的愿。变得才智聪慧的迦梨陀娑不仅与公主重归于好，后来还成了一个才华绝世的大诗人和大戏剧家。"迦梨陀娑"意即"迦梨女神的仆人"。

如今，迦梨陀娑流传下来的有7部作品：抒情长诗《云使》，叙事长诗《鸠摩罗出世》《罗怙世系》，剧本《摩罗毗迦与火友王》和《沙恭达罗》。在这些作品中，戏剧《沙恭达罗》最为著名。

学海拾贝

迦梨陀娑的创作充分肯定现世人生，赞美对自由与幸福的大胆追求，向往人与自然的统一和谐。而且，其作品都以爱情为中心，极力抒写和表达美好的理想。在他的作品中，美好的自然、美好的人物、美好的情感与美好的生活最终都会完美和谐地统一在一起。

日本文学的高峰《源氏物语》

紫式部是日本平安王朝时期著名的女作家。她的代表作《源氏物语》是日本古典文学的杰出代表，也是世界上最早的长篇写实小说，对日本文学的发展影响巨大，被誉为日本文学的高峰，在世界文学史上也有很高的地位。

紫式部本名不详，《源氏物语》的主人公的名字为"紫"，"式部"源于她父亲的官名"式部丞"，大约于公元973年出生于一个书香门第的中等贵族家庭。她的母亲很早就去世了，父亲是个地方官，在当时是有名的中国文学学者，尤其擅长和歌和汉诗。紫式部自幼聪颖过人，跟父亲学习中国诗文和和歌，熟读中国典籍，并擅乐器和绘画，信仰佛教，有很高的文学素养。

22岁时，因家道中落，生性聪慧的紫式部嫁给了比自己年长二十多岁、已有妻室子女的一个地方官，并生有一个女儿。结婚3年后，她的丈夫去世。她从此与幼女过着孤苦的孀居生活。不幸的婚姻和孤苦的孀居生活，使她对一夫多妻制下妇女的命运和不幸有着切身的体会和感受。

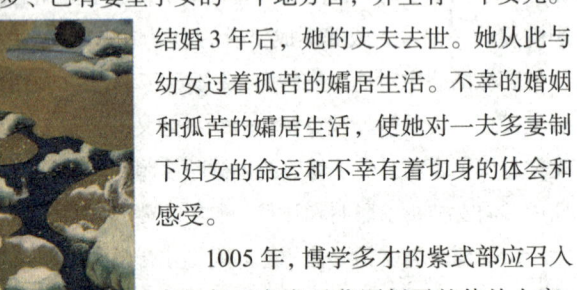

1005年，博学多才的紫式部应召入宫担任后宫皇后藤原彰子的侍从女官，给彰子皇后讲解《日本书纪》与白居易的诗歌。她在后宫生活了8年，这段生活经历对紫式部影响很大，使她有机会直接接触宫廷的生活，对妇女的不幸和宫廷内幕有了全面而深刻的体会。这为

↑《源氏物语画帖》中的《朝颜》

她的创作提供了坚实的生活基础。

紫式部一生悲苦,遍历人间世态炎凉,使她形成了敏感、哀伤又自尊自强的个性气质。她的作品以自身心灵忧伤和对时代社会的悲剧性认识为出发点,挖掘人生中的悲剧美,感受纤细绵密,运笔典雅流利,温婉幽美。一生之中,她创作了许多体裁的作品,有日记、随笔、小说、诗歌等,流传至今的作品共有三部:《紫武部日记》《紫式部集》和《源氏物语》。

《源氏物语》是这三部中最负盛名的一部作品。"源氏"是小说前半部男主人公的姓,"物语"意为"讲述",是日本古典文学中的一种体裁。全书共54卷,约80多万字,是世界第一部长篇写实小说。虽然长达近百万字,但实际上类似短篇集锦,而以源氏这个主人公贯穿全篇。故事涉及三代,历经七十余年,人物以上层贵族为主,也有下层平民百姓。

小说真实而详细地描写了宫中的斗争,反映了当时妇女的无权地位和苦难生活,展示了平安贵族华靡生活,被称为日本的"国宝"。

《源氏物语》对日本文学的发展产生过巨大的影响,被誉为日本文学的高峰,有日本《红楼梦》之称。作者紫式部的名字,不仅永载于日本文学史册,而且享誉世界文坛,1964年联合国教科文组织将她选为"世界五人伟人"之一。

▲《源氏物语·须磨之卷》的插图,反映源氏流放须磨的场景。

学海拾贝

《紫武部日记》又称《紫日记》,属于日记文学,记叙了在官中的见闻与感受,流露了对现实的不安忧愁与苦恼的心情及其反抗的精神。其情感朴实,语言优美,是日本平安时代日记文学的代表作之一,具有较高的史料价值和文学价值。

阿拉伯文学的丰碑《一千零一夜》

《一千零一夜》是民间文学的一座宏伟的纪念碑，它汇集了阿拉伯地区的神话传说和寓言故事，以卷帙浩繁的规模、离奇曲折的情节以及奇特诡异的想象，缔造出古代阿拉伯文学的最高成就。

几个世纪以来，《一千零一夜》以它瑰丽多彩的风貌深深地吸引着孩子们、文学家，甚至是历史学家们的目光。

关于这本书的由来，《一千零一夜》的开篇就讲到了。说的是一个国王的故事：很久以前，在古印度和古中国之间的一个海岛上，有一个萨桑王国，国王名叫山努亚。一天，山努亚国王发现王后背着自己和乐师们一起饮酒作乐，他非常气愤，便杀死了背叛自己的王后。从此国王变得非常残暴，他对女人充满了仇恨。他每天娶一个少女做妻子，第二天天亮时就将她处死。这种惯例一直持续了三年，许多女子为此惨遭不幸。老百姓纷纷带着女儿逃命他乡，但国王仍然逼着宰相替他寻找女子。宰相十分犯难，找遍全城都没有找到一个女子。其实，宰相自己就有两个女儿，长女叫山鲁佐德，二女儿叫多亚德。山鲁佐德年轻貌美，博学机智，当她知道了事情的真相后，决心进宫嫁给国王，以拯救这个国家的女子。

国王见到美丽的山鲁佐德时喜不自禁，可山鲁佐德却哭着请求国王让她再见一次自己的妹妹。到了晚上，妹妹缠着山鲁佐德讲故

↑ 14世纪的《一千零一夜》手稿

事，国王坐在一边"旁听"。山鲁佐德的故事讲得绘声绘色，一下子就吸引了国王。当她讲到最精彩的时候，天亮了。为了听到更精彩的故事，国王破例没有杀山鲁佐德。第二天夜里，山鲁佐德又接着讲。天亮时，她又讲到故事的精彩处，国王又把杀她的时间推迟了。一天天过去了，山鲁佐德一直讲到第一千零一夜时，国王已经深深地爱上了她。他说："我决心不杀你了，你的故事让我感动。我要把这些故事记录下来，永远保存。"于是，便有了《一千零一夜》。

↑ 法国画家布朗热绘的《一千零一夜》插图

这只是一个传说，事实上，这部民间文学巨著故事来源于波斯一本名叫《赫扎尔·艾福萨那》的故事书。公元9世纪中叶到10世纪初，这本书被译为阿拉伯语，在阿拉伯民间流传。在流传的过程中又插入了许多阿拉伯、印度、希腊、罗马等民族的神话传说、寓言故事和奇闻轶事。阿拉伯人民经过吸收和再创作，把这些外来故事巧妙地编织到一个规模宏大的阿拉伯故事网中，使它们真实生动地反映了阿拉伯社会的生活。

所以说，这本书并非一时一地一人所作，从最初公元8世纪的口传故事到公元16世纪的定型成书，经历了七八百年之久，这在世界文学史上是绝无仅有的成书特例。《一千零一夜》在世界文学史中具有不朽的魅力，其故事始终贯穿着一条积极的思想主线，那就是对光明、幸福生活的向往，因而作品的笔调流畅，色彩明朗乐观，并且充满幽默与调侃的口吻，表现出一种生机勃勃的情趣和百折不挠、奋发向上的精神。

学海拾贝

高尔基在《一千零一夜》俄译本的序言中把《一千零一夜》誉为民间文学"最壮丽的一座纪念碑"。《一千零一夜》在我国又译作《天方夜谭》。"天方"是中国古时候对阿拉伯的称呼，而"夜谭"则是指趁着凉爽的夜晚聆听故事的一种聚会。

荡涤心灵的语文故事

135

诗神 泰戈尔

泰戈尔是一位天才，他既是作品浩繁的文学艺术大师，也是学识渊博的哲人；既是成就卓著的社会活动家，也是锐意革新的教育家。他在多个领域都有成就，尤以诗歌贡献最为突出，因此被称为"诗神"。

20世纪初期，印度诞生了两位伟人，一位是民族解放运动的领袖"圣雄"甘地，另外一位是印度近代史上最伟大的文化巨匠泰戈尔。泰戈尔多才多艺，才华超人，在印度文化的各个方面都产生了广泛而深远的影响，而最为人所称道的是他的创作才能。

1861年5月7日，泰戈尔出生在印度加尔各答一个富裕的家庭。在15个兄妹中，泰戈尔是最小的一个。他的父亲是一位地方的印度教宗教领袖。他们家族既继承了父亲所热爱的印度文化传统，又深受西方文化影响，常举行哲学和宗教讨论会、诗歌朗诵会和音乐会。著名诗人、演员、音乐家和学者常常成为座上客。家庭的熏陶和教育使泰戈尔从小就受到很大的影响。他读过四所学校，但他厌恶学校无视个性的教育制度，对老师的野蛮体罚更不能容忍。他还进过东方学院、师范学院读书，但都没有完成学业，就致力于文学创作和教育革新了。后来，他曾赴英国学习文学和音乐，并周游列国，毕生致力于东西方文化的交流。

早在12岁时，泰戈尔就开始写诗。在后来长达70年的创作活动中，他创作了大量作品：

↙纪念泰戈尔的邮票

50多部诗集，12部中长篇小说，100余篇短篇小说，20多部剧本，大量关于文学、哲学、政治方面的论著，还创作了1 500余幅画和2 000余首歌曲，其中1首为印度国歌。

1913年，泰戈尔因其诗歌集《吉檀迦利》敏锐、清新、优美和高超的艺术成就，被瑞典文学院授予该年度诺贝尔文学奖。由于路途遥远，泰戈尔未能亲自出席颁奖典礼。他回电说："我恳切地向瑞典文学院表示对那宽大的了解的感谢，这了解将远的拉近了，也使陌生人成为兄弟。"

↑ 徐悲鸿画笔下的泰戈尔

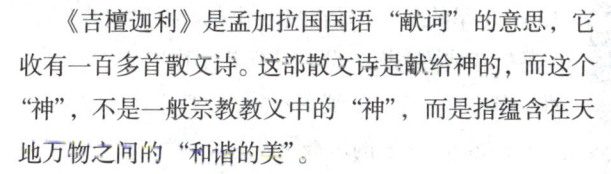

《吉檀迦利》是孟加拉国国语"献词"的意思，它收有一百多首散文诗。这部散文诗是献给神的，而这个"神"，不是一般宗教教义中的"神"，而是指蕴含在天地万物之间的"和谐的美"。

《吉檀迦利》让世界认识了泰戈尔，在这部诗集中，人们看到了一位既具有儿童的纯真，又具有圣徒的高洁的诗人。1921年，泰戈尔亲访瑞典，被当做"东方圣人"而受到热情的欢迎。

1940年2月，圣雄甘地夫妇与泰戈尔最后一次会晤。这时的泰戈尔已经是一位79岁的老人。此后，他的身体每况愈下，战争和动荡不安的社会给他的精神带来莫大的痛苦。1941年5月，由于病痛，他已经无法工作。在上手术台前，他口授了最后一首诗。是年8月7日，泰戈尔在加尔各答的家里平静地离开人世。当他的灵车在街上驶过，成千上万的人加入送葬的行列，整个印度被一种悲哀的气氛所笼罩。

泰戈尔去世了，他的诗却被广泛传诵至今。

> **学海拾贝**
>
> 泰戈尔诗的美与哲理表达浑然天成、异彩闪耀。天空、河流、鲜花、果实、暴雨与海洋都在泰戈尔笔下变得富有意境和哲理，它表达了诗人对生命、生活、死亡等命题的深邃思考。

日本小说家 川端康成

川端康成是世界知名的日本新感觉派作家。1968年，他以《雪国》《古都》《千羽鹤》三部代表作，获得诺贝尔文学奖。他的作品富于抒情和追求人生升华的美，从而形成了独特的川端康成文学之美。

1899年6月14日，川端康成出生于日本大阪市，父亲是一名医生，爱好汉诗文、文人画。不幸的是，父母相继在川端康成两岁和三岁时因感染肺结核病而去世，川端康成则由祖父来抚养，而他唯一的姐姐芳子则寄养在另一位亲戚的家里。

1906年，7岁的川端康成进入小学学习。由于他身体孱弱，所以经常缺课，但他的学业成绩却非常优秀，尤其是作文在全班首屈一指，显示出过人的才华。然而不幸再次降临，1909年7月，川端康成的姐姐因病死亡，而在此之前，祖母也病故了。川端康成的幼年是极其不幸的，这种对于死亡的体验给他留下的恐惧更是影响了他的一生。

1912年，川端康成以小学毕业考试第一名的成绩考入大阪府立茨木中学。升入中学二年级时，他立志要当一名小说家，他博览各种文艺杂志，尝试写新体诗、短歌、俳句、作文等。1914年，祖父的辞世使川端康成变成了孤儿，但他仍然坚持刻苦写作，将祖父弥留之际的情况如实地记录下来。中学毕业后，川端康成前往东京一所高等学校学习，在那里他接触到世界文学及日本文学中最前沿的浪潮。

↑《雪国》主人公驹子的原型艺妓松荣

138

1920年后，川端康成对写作风格不断探究，短篇《招魂节的一幕》奠定了其在文坛的基础。1926年，除了其一生唯一一部剧本《疯狂的一页》被拍成电影外，川端康成还发表了《伊豆的舞娘》。但获得赞誉的他并没有因此停留不前。

　　1934年，川端康成开始写《雪国》连载，3年后出了单行本，并获得第三届文艺恳话会奖。1936年，川端康成因为反战而宣布停笔，不写文艺时评类文章，并在接下来的几年中广泛参加反战活动。

　　1944年，川端康成以《故园》等文章获战前日本最后一届菊池宽奖。1947年，历经13年，《雪国》定稿。1949年，川端康成另一部重要的小说《千羽鹤》开始连载，1952年，这部小说被改编成歌舞伎。1961年，川端康成前往京都写作《古都》，同年获得文化勋章。1968年10月17日，川端康成以《雪国》《千羽鹤》及《古都》等获得诺贝尔文学奖，他是继泰戈尔之后第二位获此奖项的东方人。

　　川端康成一生写了100余部小说，此外还有许多散文、随笔、讲演、评论、诗歌、书信和日记等。他挖掘日本文化最深层的东西和西方文化最广泛的东西，并使之汇合，形成了川端康成文学之美。川端康成这种创造性的影响超出了日本的范围，也不仅限于艺术性方面，这一点对促进人们重新审视东方文化具有重要的意义。可以说，他为日本文学的发展，为东西方文学的交流，作出了自己的贡献。

　　1972年4月16日，川端康成含煤气管自杀，留给了后人无数的疑问。

学海拾贝

　　川端康成对于作品的文学语言，要求极为严格。据说他写完一节之后，总要反复推敲琢磨，修改后往往删去大半。因此，他的文章虽然颇为接近口头语言，但读来丝毫没有啰嗦之感，用语简明，描写准确。

伟大的爱国诗人 屈原

战国末期楚国人屈原是我国最伟大的浪漫主义诗人之一,也是我国已知最早的著名诗人和伟大的政治家。他创立了"楚辞"这种文体,《离骚》《九章》《九歌》《天问》是屈原最主要的代表作。

屈原抱着一块大石头,一头跳进汨罗江……昔日楚国的君王没有留住他,江边的渔夫也没有留住他,而浩渺的汨罗江却留住了他。

屈原是楚国的大夫,他辅佐的君王就是楚怀王。楚怀王听从了张仪的劝告,和齐国断交,结果发现上了张仪的当。当时,屈原就觉得张仪让楚怀王那样做很不妥,再三劝阻,但是楚怀王根本不理会,只听靳尚和公子兰等人的话。楚怀王糊里糊涂地来到秦国,结果被扣押在咸阳,并于公元前296年死在了那里。

楚昭襄王继位后,还是和这些小人走得很近,不但不听屈原的劝告,还将其放逐到了湘南。屈原一心只为君主和国家着想,却落得这样一个结果,心里的怨气不知该如何宣泄。他吃不下也喝不下,整个人瘦得就剩一把骨头了。

在流放途中,屈原常常会听到百姓的怨声。他们痛恨秦国抢去了自己的土地,自己辛辛苦苦劳动了一年,却什么也没有剩下,生活得很清苦。屈原看在眼里,痛在心里,便写下了著名的《离骚》,淋漓尽

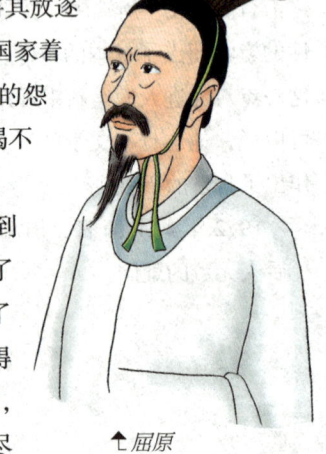

↑屈原

↑《楚辞》中《九歌图》的局部

致地表达了自己的悲愤之情。

《离骚》是我国最早的长篇政治抒情诗,它是屈原用自己的理想、遭遇、痛苦、热情,以至整个生命熔铸而成的宏伟诗篇,闪耀着诗人鲜明的个性光辉,这在中国文学史上还是第一次出现。

转眼间十几年过去了,屈原时刻心系郢都(楚国国都)。楚国处在危险的边缘,他真想赶快回去为楚国做点什么。公元前278年,秦昭襄王派大将白起攻打楚国,占领了楚国的国都。这时,屈原已经是一位62岁的老人。听到这个消息,他伤心地在汨罗江边放声大哭。

农历五月初五这天,屈原再也不愿看到楚国一步步落入别人的手中,毅然跳进了汨罗江。附近的百姓闻讯后赶去救屈原,可是江水翻涌,哪里还有屈大夫的影子?于是他们划着船在江面上祭祀屈原,把竹筒里的米饭洒在江中以防鱼儿咬屈原的身体,口里呼喊着:"屈大夫,你回来啊!"

后来,人们把屈原投江的这一天称为"端午节",用包粽子、赛龙舟的方式来纪念这位伟大的爱国诗人。后来,这一仪式逐渐成为一种风俗,连同诗人的作品一并流传到世界各地。

学海拾贝

第二次世界大战以后,17个国家的75名著名人士联合发起了"世界保卫和平大会"。1953年,在俄罗斯首都莫斯科举行世界保卫和平大会的世界和平理事会决定将屈原列为"世界四大文化名人之一",号召全世界人民纪念他。

我国第一部纪传体通史《史记》

司马迁是西汉时期伟大的史学家、文学家、思想家，他忍受着巨大痛苦，完成了一部闪耀着光辉的伟大著作——《史记》。《史记》是我国第一部纪传体通史，同时也是一部非常优秀的文学作品。

西汉时期的司马迁完成《史记》的著述有一段辛酸的历程。公元前145年，司马迁出生在一个史官世家，祖上在周朝的时候就当过史官。他的父亲司马谈学识渊博，是汉朝一位有名的史官。在朝廷中整理历史文献的时候，司马谈收集了很多历史资料，想要写一部全面的中国历史，但最终未能如愿。于是，司马谈临终前将自己的儿子司马迁叫到床前，嘱咐他来接替自己完成。

司马迁继承了父亲的遗志，游遍全国各地，搜集各方面资料。除了看书学习之外，他还深入民间进行考察和采访，了解各地风土人情，探寻历史人物的足迹，获取了很多史书上未曾记载的珍贵资料。为了父亲的这一嘱托，他进行了长达20年的积累，开始着手编写《太史公书》，即《史记》。可不久之后，却发生了一件意想不到的事情。

司马迁和汉朝的都尉李陵是好友。在苏武被匈奴人扣押以后，汉武帝先后派出李广和李陵带兵与匈奴作战，但都没有取得预想中的胜利。特别是在李陵出战那年，匈奴与汉朝有过多次交锋，已经了解了汉朝军队的弱点。所以，李陵的军队一出，就

↑司马迁

被匈奴的七八万骑兵包围。尽管李陵奋力拼杀，但最终还是寡不敌众。李陵便假装投降，打算以后再寻找时机反击。

李陵战败投敌的消息传到了朝廷，触怒了汉武帝，可就在这时，司马迁却站出来为李陵辩解，认为李陵这样做并非是贪生怕死，日后若是有机会，他一定会好好报效朝廷。

汉武帝听了司马迁这番话，就把气发泄到他身上。汉武帝固执地认为，司马迁与李陵一起故意与朝廷作对，于是便命人把司马迁打入大牢，最后还用了"腐刑"。这种酷刑给人的身心带来很大的伤害，但是司马迁想到父亲的遗愿还没有完成，于是就忍受着巨大的痛苦，将自己心中所有的"愤"全部倾注到创作之中，在狱中继续《史记》的创作。公元前96年，汉武帝大赦天下，49岁的司马迁终于出狱并任一官职，但他仍然专心致志地继续《史记》的创作。5年后，这部伟大的巨著才终于画上了完满的句号。

公元前90年，就在搁笔后的第二年，司马迁去世了。当时，《史记》并没有受到应有的重视，直到东汉时期才开始流传开来。

这部书全面记叙了我国上古至汉初几千年来的政治、经济、文化多方面的历史发展，是中国古代历史的伟大总结，被鲁迅称为"史家之绝唱，无韵之《离骚》"。

《史记》也是我国纪传体史学的奠基之作。它综合借鉴了前代史著的体例，首创了以人物为中心的纪传体，在我国历史散文的发展史中具有承前启后的地位，也是传记文学发展成熟的标志。

学海拾贝

《史记》包括十二本纪，三十世家，七十列传，十表，八书，共五个部分。全书规模宏大，体系完整，人物形象栩栩如生，语言生动简洁，对后世的纪传体史书和小说、戏剧、传记文学、散文等都有广泛而深远的影响。

▼《史记·夏本纪》

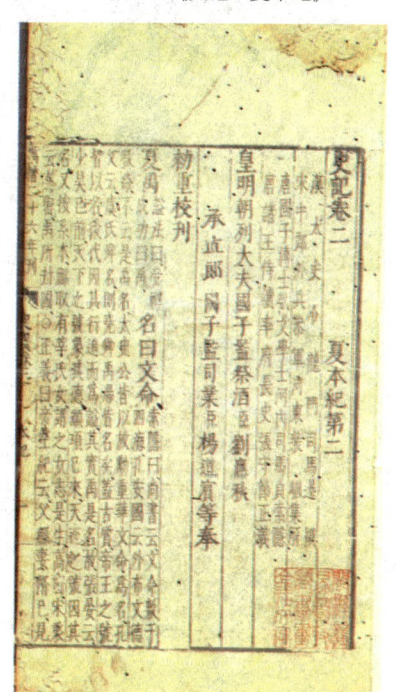

诗仙 李白

李白,字太白,号青莲居士,唐代伟大的浪漫主义诗人。其诗风格豪放飘逸洒脱,想象丰富,语言流转自然,音律和谐多变,是继屈原之后积极浪漫主义诗歌的新高峰。

李白是唐朝伟大的诗人,也是中国文学史上一位举足轻重的巨人。他第一次来长安时,没有得到赏识;第二次来到长安,却是因为唐玄宗亲自下诏。

李白出生于西域的碎叶(今吉尔吉斯斯坦北部),后来随家人迁居四川江油青莲乡,从小受到良好的教育。在20岁以后,他到处游历,结交朋友,那些名胜山川影响了他,使他拥有了开阔的胸襟、豪放的性格。

这一天,李白自江陵南下,途经岳阳,来到了庐山,挥笔写下脍炙人口的《望庐山瀑布》。在苏州,他来到了当年吴王夫差与美女西施日夜酣歌醉舞的地方,这里的历史遗迹引发了李白的怀古之情,他写下著名的咏史诗《乌栖曲》。

一直以来,李白受儒家思想的影响,希望能够建功立业。三十多岁时,李白第一次去长安,拜访公卿大臣,想得到朝廷的提拔和重用。不过当时天下逐渐进入太平盛世,唐玄宗已经不像刚登基时那样重用贤才了,因此李白

↑ 太白醉酒图

↑ 五言诗《静夜思》诗意图

频遭冷遇。他在长安结识了任太子宾客的老诗人贺知章。贺知章非常欣赏李白的《蜀道难》和《乌栖曲》，还兴奋地解下自己衣带上的金龟让人去换酒与李白共饮。

李白离开长安后继续游历并结交了不少名流，创作了大量优秀诗篇，成为红极一时的大诗人。天宝初年（741），唐玄宗听闻李白的才气，便下诏书让李白进京，想重用他。李白进宫朝见的那一天，唐玄宗从车里出来上前迎接，还设宴款待他，并且亲自为李白调制汤羹。李白任职翰林院，专门为唐玄宗起草诏书，还常常陪侍在唐玄宗左右。后来他因为得罪了唐玄宗喜爱的太监高力士，高力士就和唐玄宗的宠妃杨玉环串通起来，经常在唐玄宗面前说李白的坏话。李白在朝廷中遭到排挤，没有多久，就辞去了职务，又开始了游历的生涯。

天宝三年（744）的夏天，李白到了东都洛阳。在这里，他遇到了比自己小十多岁的杜甫。此时，李白已经名扬天下，而杜甫却蹭蹬不遇，困守洛城。两人志同道合，建立了深厚的友谊。他们一起抒怀遣兴，评文论诗，纵谈天下大势，为国家的隐患而担忧。

李白一生写下了上千首诗，今存九百多首。七言古诗《蜀道难》《行路难》《梦游天姥吟留别》《将进酒》《梁甫吟》等都是他的代表作，七言绝句《望庐山瀑布》《望天门山》《早发白帝城》如今在中国已经成为家喻户晓的千古名篇。

学海拾贝

李白生活在唐代极盛时期，具有"济苍生""安黎元"的进步理想，毕生为实现这一理想而奋斗。他的诗充满了浪漫主义色彩，诗中想象丰富、气势豪放，可谓是盛唐时代社会现实和精神风貌的艺术写照。

荡涤心灵的语文故事

诗圣 杜甫

杜甫，字子美，世称杜工部，自号少陵野老，是我国唐代伟大的现实主义诗人。他生活在唐朝由盛转衰的历史时期，其诗多涉笔社会动荡、人民疾苦，被誉为"诗史"，对后世影响深远。

杜甫出生在一个文学气息浓厚的世家，祖父杜审言是与宋之问同时代的大诗人，对五言律诗的形成与发展作出过贡献。父亲曾任兖州司马，母亲在他很小的时候就去世了。杜甫从小就受到了良好的教育，7岁时就写出了《咏凤凰》这首诗。

杜甫在20岁的时候，开始周游全国，他泛舟游历了长江，又饱览了江南秀丽的景色。这次游历大大开阔了杜甫的眼界，他在泰山时，写下了名句"会当凌绝顶，一览众山小"。

↓ 杜甫

35岁时，杜甫来到了京城长安。那时奸臣李林甫正手握大权，怕有才干的人进入朝廷，妨碍他弄权营私，于是参加入京应试的人一个都不录取，杜甫也在其中。杜甫落第以后，生活日益贫困。他不得不依附达官贵人，为其作诗，勉强维持生活。后来唐玄宗要举行祭祀大典，杜甫抓住这个机会，写了《三大礼赋》，得到了玄宗的赏识，但仅做了一个小官。在长安近10年的生活，使杜甫逐渐看清了当时朝廷的腐朽。他开始关心人民的疾苦，思想产生了很大的变化。

杜甫做官没多久，打算回家看望久别的家人。在路过骊山行宫时，唐

146

玄宗正和杨贵妃寻欢作乐。当他回到家中，才得知自己的小儿子已经饿死了。这件事对杜甫打击很大，他写下了著名的《自京赴奉先县咏怀五百字》，其中的诗句如今已经成为千古不朽的名句：朱门酒肉臭，路有冻死骨。荣枯咫尺异，惆怅难再述。

后来，杜甫来到成都的浣花溪，在溪边筑了几间茅屋住了下来，这就是至今都很有名的"杜甫草堂"。杜甫的晚年非常凄惨，他过着到处漂泊的生活。公元770年，一代"诗圣"杜甫于贫病交加中在长江上的一条小舟里逝世，时年59岁。

杜甫一生写下了一千多首诗，《三吏》《三别》《兵车行》《茅屋为秋风所破歌》《丽人行》《春望》等是他的代表作。他的诗表达了他对人民的深刻同情，揭露了封建社会剥削者与被剥削者之间的尖锐对立。《春望》和《闻官军收河南河北》等名篇中，表现了诗人的爱国热忱。而《三吏》《三别》更体现了他爱国爱民的赤子之心。

尽管杜甫的一生历尽坎坷，过着贫穷动荡的生活，但是他始终洁身自好，忠君爱国，无论怎样贫穷潦倒，都不曾改变自己的志向。

学海拾贝

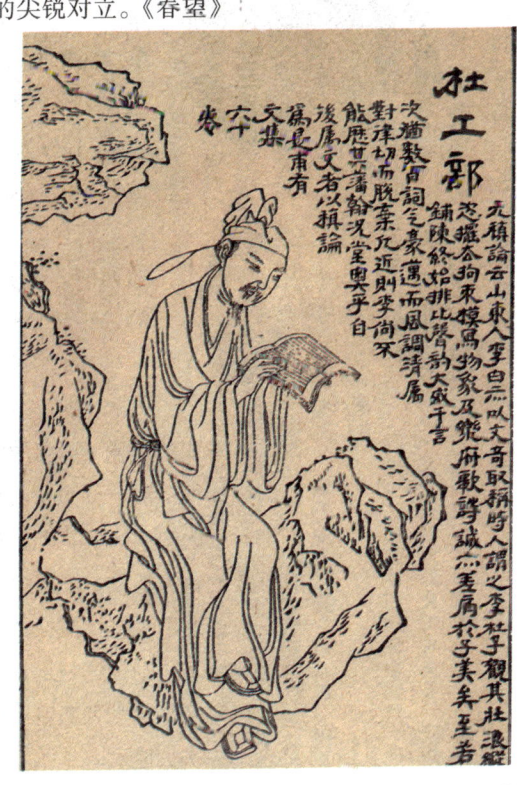

杜甫的诗是唐朝由盛转衰的艺术记录，他继承了自《诗经》和汉魏乐府以来诗歌注重反映现实的创作传统，并使之更为高超更为成熟。在我国文学史上，杜甫诗歌具有很高的认识作用、借鉴作用、教育作用和审美作用。

《晚笑堂竹庄画传》中杜甫的画像

古文运动的倡导者 韩愈

韩愈是我国唐代著名的文学家和思想家。他抱负远大,一生始终以天下为己任,虽然多次遭贬,但报国之志不减,仍然关注人民的疾苦。他既有非常伟大的超乎常人的一面,又有敢为天下先的大丈夫的伟岸气节。

韩愈是唐朝一位杰出的文学家,字退之,河阳(今河南孟县)人。韩家曾是昌黎(在今属辽宁义县)地方的望族,所以后人称他韩昌黎。他3岁时父亲去世,由长兄韩会抚养。可不久韩会又去世了,留下一个年幼的儿子,小名十二郎。在寡嫂郑氏的抚养下,韩愈叔侄长大成人。他们相依为命,过着颠沛流离的生活。

韩愈25岁时考中进士,35岁时得到了国子监四门博士(国家最高学府的讲官)这一职位,第二年又和柳宗元等人被任命为监察御史。

当时,自魏晋南北朝以来,社会风气一直不好,文风也跟着衰落了。许多文人写的文章,喜欢追求华丽的辞藻,运用的典故晦涩难懂,讲求对仗的工整,而内容却很空洞。韩愈决心对这种文风进行改革。他和文学家柳宗元一起提出一套完整的改革理论,在当时文坛上形成了颇有声势的古文运动,把散文的发展推向了一个新的阶段。由于这一改革继承了古代散文的一些传统,所以被称为"古文运动",韩愈和柳宗元则是这一运动的倡导人。

唐宪宗平定淮西叛乱后,这位骄傲自满的皇帝决定立碑来纪念这一次大胜利。一天,唐宪宗问宰相裴度有谁能够担当此

↑ 韩愈

任，裴度便说："臣手下有个行军司马，名叫韩愈，擅长写文章，又跟随臣到过淮西，实为上上之选。"于是，唐宪宗就让韩愈起草《平淮西碑》。

韩愈不但文章写得好，还是位直言敢谏的大臣。他在写完《平淮西碑》之后，又写了一篇《谏迎佛骨》的奏章给唐宪宗。原来，唐宪宗到了晚年沉迷佛法，听说凤翔的法门寺里供奉着佛祖释迦牟尼的一节指骨，就派人到法门寺把佛骨隆重地迎取回来，放在皇宫里供奉。韩愈向来不信佛，也反对这样铺张浪费来迎接佛骨，就用《谏迎佛骨》劝谏唐宪宗不要迷信。

结果唐宪宗大为震怒，要把韩愈处死，后来多亏宰相裴度和其他大臣求情，韩愈才免于一死，但被贬到了潮州去当刺史。一年后，韩愈回到长安，负责国子监（朝廷设立的最高教育机构）的工作。公元824年，韩愈因病卒于长安，终年56岁。

韩愈在官场上一直不得意，但在文学上的成就却越来越大。他的文章糅合了李白诗歌的浪漫奇幻和杜甫诗歌的博大精深，形成恣肆横放、雄奇险怪的主体诗风。杜牧把韩文与杜诗并列，称为"杜诗韩笔"；苏轼称他"文起八代之衰"。

韩愈一生中写下三百多篇优秀的散文，其中《杂说》《师说》《祭十二郎文》等成为传诵千古的好文章。韩愈是一个有远大抱负的文人，一生为实现自己的理想而奋斗，这种精神，是留给后人的一份宝贵的财富。

↑《昌黎先生集》书影

学海拾贝

《马说》为韩愈所作的《杂说》的第四篇，文中韩愈以"伯乐相马"的典故，批评当政者不懂得识用人才。他们埋没、摧残了人才却又哀叹世上没有人才。文中"世有伯乐，然后有千里马。千里马常有，而伯乐不常有"已成为精辟的警句和名言。

忧国忧民的文学家 范仲淹

范仲淹不仅是北宋著名的政治家和统帅,还是一位卓越的文学家和教育家。《岳阳楼记》是他一生爱国的写照,文中的"先天下之忧而忧,后天下之乐而乐"成为千古佳句,流传至今。

范仲淹,字希文,苏州吴县人,自幼父亲就去世了,他跟着改嫁的母亲背井离乡,生活十分艰苦。然而,他从少年时就刻苦自学,后来终于成为了一个很有学问的人。

范仲淹原来在朝廷当谏官,因为看到宰相吕夷简滥用职权,就向仁宗大胆揭发。这件事触犯了吕夷简,吕夷简反咬一口,说范仲淹交结朋党,挑拨君臣关系。宋仁宗听信吕夷简的话,把范仲淹贬谪到南方,直到西夏战争发生后才被召回来。

宋仁宗时期,西夏不断侵扰西北边境,宋仁宗听闻宋军节节败退,不由震怒万分,在1040年派范仲淹、韩琦等人前去抗击西夏。由于范仲淹治军严明,还注意减轻边境上百姓的负担,北宋的防守力量也由此增强。西夏和北宋打了几年仗,没得到什么好处,到了1043年,西夏国主元昊愿意称臣求和,宋朝答应每年送给西夏一批银绢、茶叶,北宋的边境局势才暂时稳定下来。

范仲淹在与西夏的战争中立下了大功,得到了宋仁宗的赏识和重用。这时候,宋王朝因为内

↑ 范仲淹

政腐败，加上在跟辽国和西夏战争中军费和赔款支出浩大，财政发生恐慌。宋仁宗就把范仲淹召回京城，让他担任副宰相。

上任后，范仲淹决心改革，就提出了10条改革措施，它的主要内容对官吏一定要定期考核，严格阻止凭借特权、关系取得官职，改革科举制度，慎重择用地方长官。还有几条是提倡农桑、减轻劳役、加强军备、严格法令等。因为这是在宋朝庆历年间提出来的，历史上把这次改革称为"庆历新政"。

↑ 岳阳楼

由于新政触犯了一些封建贵族的利益，宋仁宗看到反对的人多，就动摇起来。范仲淹出于无奈主动要求去防守边境。范仲淹走后，宋仁宗就下令把新政全部废止。

这年冬天，范仲淹已近58岁。边塞的严寒威胁着他的健康，他被允许移到稍暖的邓州（今河南省邓州市）做知州。此时，他的几个好友，如富弼、欧阳修等人都遭贬，境况惨淡。不久，他的好友滕子京从湖南来信，要他为重新修竣的岳阳楼作记，并附上《洞庭晚秋图》。范仲淹爽快地答应了，挥笔写下了著名的《岳阳楼记》。文章表现了作者虽身居江湖，心忧国事，屡遭迫害，仍不放弃理想的顽强意志，以及对被贬友人的鼓励和安慰。《岳阳楼记》送到岳州后，滕子京非常感动，立即命人刻于石上。在这篇著名的文章里，范仲淹提到，一个正直的士大夫应该把个人的荣辱升迁置之度外，"不以物喜，不以己悲"，要"先天下之忧而忧，后天下之乐而乐"。这句格言不胫而走，一直被后人传诵，而岳阳楼也由于范仲淹的文章闻名遐迩。

学海拾贝

范仲淹文学素养很高，除著名的《岳阳楼记》外，还留下了众多脍炙人口的词作，如《渔家傲》《苏幕遮》，苍凉豪放，感情强烈，为历代传诵。范仲淹的著作被收录在《范文正公集》。

诗文革新运动的领导者 欧阳修

欧阳修是北宋诗文革新运动的领导者。他大力倡导诗文革新运动，改革了唐末到宋初的形式主义文风和诗风，在中国文学史上有重要的地位，为"唐宋八大家"之一。

欧阳修的幼年非常不幸，4岁时，他的父亲就去世了，家里一贫如洗。但是在母亲郑氏教育下，欧阳修从小就爱上了读书。

欧阳修天资聪颖，又刻苦勤奋，看过的书往往能出口成诵；而且诗赋文章，文笔老练，有如成人。10岁时，欧

↑欧阳修

阳修就经常向藏书多的邻居家去借书来读。一个偶然的机会，他读到了唐朝著名文学家韩愈的《昌黎先生文集》，立刻被那流畅的文笔、透彻的说理吸引住了。他开始认真地琢磨、学习韩愈清新淳朴的文风，这为日后北宋诗文革新运动播下了种子。

北宋初年的时候，社会上流行的是一种只讲求华丽，内容却极为空洞的文风。而欧阳修以韩愈为师，继承了那种朴素自然的文章风格。在参加进士考试时，他连考三场，都得到第一名。欧阳修在滁州做官时，常在处理政事之余，游览当地的山水，和琅琊寺住持智仙和尚结为知音。智仙在山麓建造了一座小亭，欧阳修亲自撰文作记，即《醉翁亭记》。从此，欧阳修常同朋友到亭中游乐饮酒，并自号醉翁，"醉翁亭"因此得名。欧

阳修不仅在此饮酒，也常在此办公。《醉翁亭记》一经问世，迅速在全国引起轰动，许多文人墨客、达官显贵，竟相来滁州探幽访胜。

欧阳修担任翰林学士以后，积极提倡改革文风。1057年，京城举行进士考试，朝廷派他担任主考官。他认为这正是选拔人才、改革文风的好机会，所以在阅卷的时候，凡发现内容空洞、华而不实的文章，他一概不录取。考试结束以后，有一批人落了选，对欧阳修十分不满。一次，欧阳修骑马出门，半路上被一群落选的人拦住，这群人把他围在当中辱骂。后来，在城中巡逻的士兵过来，费了很长的工夫才把这批人赶跑。

欧阳修虽然受到了一些压力，但是考场的文风就此发生了变化，大家都开始学着写内容充实和质朴的文章了。北宋文坛的风气也因此有了很大的转变。欧阳修通过这次进士考试，发现和提拔了一批有学识、才能高的人才。经过他的赏识和提拔，这些人个个成了名家，最出名的是曾巩、王安石、苏洵、苏轼、苏辙（史称三苏）。文学史上，人们把这几个人和欧阳修与唐朝的韩愈、柳宗元合称为"唐宋八大家"。

学海拾贝

除了散文，欧阳修的诗、词也都写得很出色。他还是一位优秀的史学家。他编著有两部历史著作，一部是和别人合著的《新唐书》共225卷，另一部是74卷的《新五代史》。

↓《集古录》，今收藏于台湾国立故宫博物院。

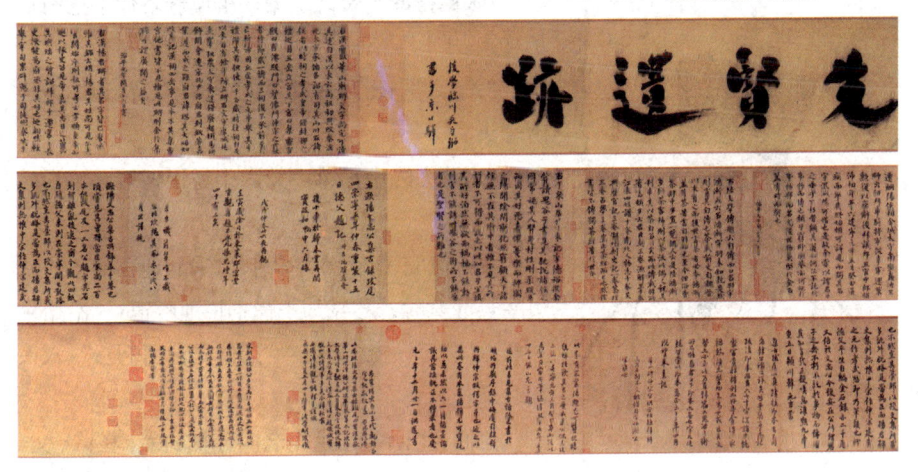

文学天才 苏轼

苏轼是北宋著名的文学家、豪放派词人代表。他与父亲苏洵、弟弟苏辙皆以文学名世,世称"三苏"。苏轼在诗、文、词、书、画等方面,均取得了登峰造极的成就,是中国历史上少有的文学和艺术天才。

苏轼20岁那年去京师科考,遇到了六个自负的举人。他们看不起苏轼,决定备下酒菜请他赴宴,好戏弄他一番。苏轼应邀欣然前往。在席间,一个举人提议行酒令,其余五人拍手叫好。酒令内容必须要引用历史人物和事件,符合要求者,就能独吃一盘菜。

"我先来吧!"年纪较长的说,"姜子牙渭水钓鱼!"说完捧走了一盘鱼。

"秦叔宝长安卖马。"第二位神气地端走了马肉。

"苏子卿北海牧羊。"第三位毫不示弱地拿走了羊肉。

"张翼德涿县卖肉。"第四个说着就伸手把肉扒了过来。

"关云长荆州刮骨。"第五个迫不及待地抢走了肉骨头。

"诸葛亮隆中种菜。"第六个傲慢地端起了最后一样青菜。

菜都分完了,六个举人兴高采烈地正准备边吃边嘲笑苏轼时,苏轼却不慌不忙地吟道:"秦始皇并吞六国!"一边笑道:"诸位兄台请啊!"六人顿时呆若木鸡。

他们有所不知,这个名叫苏轼的人,在诗、文、

↑ 苏轼

154

词、书、画等方面已有些成就，尤其是吟诗作词，可以称得上是一个天才。这次考试之后，苏轼考中进士，从此虽一生显赫，却几经大起大落。任职期间，因为与王安石政见不和，苏轼屡遭贬黜，当了几任地方官。他每到一个地方，都兴修水利，减轻赋税，提倡生产，为百姓所敬仰。

后来，由于写了一些讽刺权贵的诗，苏轼惹来一场牢狱之灾。宋神宗珍惜他是个人才，只是将他贬谪到黄州做个小吏，实际上过着流放的生活。这样一来，日子便过得非常穷苦，所幸依靠朋友的帮助得到一块田地来耕种，自给自足。没多久，他又在东边山坡上盖了一间屋。他给自己起了一个别号，叫东坡居士。后来，人们常把苏轼叫做苏东坡。苏轼在政治上失意的日子里，常常游览山水，写作诗歌，抒发他的心情。其中尤以《前赤壁赋》为宋代杰出佳作，赋中语句"江上之清风""山间之明月"等，至今常被引用。

建中靖国元年（1101），苏轼卒于常州（今属江苏），享年66岁。由于苏轼与父亲苏洵、弟弟苏辙皆以文学名世，所以世称"三苏"。

苏轼一生创作了大量的作品，有《东坡七集》和《东坡乐府》等，其中包括著名的《饮湖上初晴后雨》《题西林壁》《惠崇春江晚景》《念奴娇》《水调歌头》等。他的诗清新自然，题材广阔；散文汪洋恣肆，结构谨严；词则豪迈奔放，开豪放词派的先河，与辛弃疾并称"苏辛"。苏轼在文、诗、词三方面都达到了极高的造诣，堪称宋代文学最高成就的代表。

↑《寒食帖》，苏轼平生最得意的作品之一，被称为"苏书第一"。

学海拾贝

苏轼在绘画方面也很有造诣，他的画被评价为"诗中有画，画中有诗"，这为其后"文人画"的发展奠定了理论基础。如今，存世的画迹有《古木怪石图卷》《竹石图》等。

一代才女 李清照

宋词是中国古代文学的阆苑里的一朵奇葩，在宋代文学史上占有无与伦比的巅峰地位。宋代著名的女词人李清照是宋词婉约派的代表。她的词擅长白描手法，用字自然浅显而音节和谐，词意婉转，在文学词坛中独树一帜。

李清照出生于一个爱好文学艺术的士大夫家庭。父亲李格非是进士出身，苏轼的学生，家中藏书很多，善于词赋。母亲也是名门淑女，很有文学修养。由于受家庭的影响，特别是受到父亲的影响，李清照从小就十分爱好文学，喜欢吟诗作画，特别是作词方面，有很高的成就。

16岁那年，李清照创作了《点绛唇·蹴罢秋千》这首著名的词章，塑造了一个天真活泼、羞涩而又调皮的少女形象，借以表露对爱情和自由的追求。词中写道："蹴罢秋千，起来慵整纤纤手。露浓花瘦，薄汗轻衣透。见有人来，袜铲金钗溜，和羞走。倚门回首，却把青梅嗅。"

18岁时，李清照与当朝宰相之子赵明诚结婚。婚后，两个人情投意合，如胶似漆，一同收藏金石古器、名人书画、历代图集，过着幸福美好的生活。

有一次，在重阳节时，李清照作了一首《醉花阴》，寄给在外做官的丈夫。赵明诚接到后，叹赏不已，又不甘下风，就闭门谢客，废寝忘食，三日三夜，写出五十阕词。他把李清照的这首词也杂入其间，请友人陆德夫品评。陆德夫把玩再三，说只有三句最佳，即李清照的"莫道不销魂，帘卷西风，人比黄花瘦"。

然而好景不长，李清照恬静闲适的生活被战乱无情地打破

↳ 李清照雕像

了。1127年，金兵攻破了汴京，宋徽宗、宋钦宗父子被俘，高宗南逃。李清照也随丈夫南下江宁（江苏南京）。她感叹"南来尚怯吴江冷，北狩应悲易水寒""南渡衣冠少王导，北来消息欠刘琨"，表达了自己对国家命运的担忧和对朝廷苟且偷安的不满。

后来，她的丈夫不幸病故。李清照殓葬了丈夫后，怀着悲痛的心情，前往临安（杭州）投靠弟弟李沆。在辗转避乱中，她和丈夫多年收藏的金石字画或亡于战火，或被人盗掠，最后散失殆尽，更给她带来沉痛的打击。

经过几年的四处流亡和颠沛流离，李清照来到了临安。

南渡以后，李清照的作品有较明显的变化。所作诗文，多感叹身世，怀念故国，包含了较多对现实的关心，渗透着爱国感情。如："生当作人杰，死亦为鬼雄。至今思项羽，不肯过江东。"（《乌江》）

李清照后期词作的风格也由清丽、缠绵转为深沉、悲壮。当时，国破家亡的现实和凄凉悲惨的个人遭遇，使李清照陷于极度痛苦之中，于是她以词来抒发伤时忆旧、怀乡悼亡的感情，如"故乡何处是，忘了除非醉"（《菩萨蛮》），"空梦长安，认取长安道"（《蝶恋花》）等词句，寄托了对北方故国的怀恋。

李清照的传世之作是《漱玉词》。基本属婉约派。由于她一生经历艰苦曲折，因此，后期的词还兼有豪放之长。

> **学海拾贝**
>
> 金石学是中国考古学的前身，是宋代史学领域新开辟的园地。在赵明诚和李清照的《金石录》一书中，著录其所见从上古三代至隋唐五代以来，钟鼎彝器的铭文款识和碑铭墓志等石刻文字，是中国最早的金石目录和研究专著之一。

↓李清照

中国戏剧的奠基人 关汉卿

关汉卿是中国戏剧史上最伟大的作家,是元代杂剧的奠基人和前期剧坛的领袖。在元杂剧作家中,关汉卿创作年代最早、作品最多、影响最大,被称为"东方的莎士比亚"。关汉卿与郑光祖、白朴、马致远并称为"元曲四大家"。

关汉卿是大都(今北京)人,约生于金末或元太宗时期。他风流倜傥又博学多才,擅长吟诗、吹箫、弹琴等各种技艺。在都城大都时,关汉卿曾经做过太医院的官员。但是他对医术丝毫不感兴趣,却热衷于编写剧本。当时元朝正流行一种戏剧,叫"杂剧"。杂剧在内容上丰富了民间说唱故事,而且广泛反映社会现实,达官贵人和普通老百姓都喜欢看。那时演戏的人社会地位很低,关汉卿经常与他们接触,参加戏剧导演和演出活动,这使他充分接触到下层社会,对被压迫者的不幸遭遇感同身受。

↑《窦娥冤》中的插画

关汉卿的前半生,是在血与火交织的动荡不安的年代中度过的。关汉卿熟读儒家经典,深受儒家思想影响,他编写杂剧不是为了给贵族消遣取乐,而是为了替百姓诉说疾苦。

关汉卿的杂剧内容具有强烈的现实性并弥漫着昂扬的战斗精神。他的散曲《南吕一枝花》,自称"我是个蒸不烂、煮不熟、捶不扁、炒不爆、响当当一粒铜豌豆",宣称"则除是阎王亲自唤，神鬼自来勾，三魂归地府，七魄丧冥幽；天哪，那其间才不向烟花路儿上走"。这既是对封建价值观念的挑战，也是狂傲倔强、幽默多智性格的自白。

关汉卿一生勤奋写作，共著杂剧60多部，今存18部。他的作品从民间传说、历史资料和元代现实生活里汲取了许多素材，他那贴近现实、充满血肉之感的笔触，诉说着社会民众的困苦与无奈，更将一腔悲悯的情怀，倾洒在被污辱的女性身上。

关汉卿最脍炙人口的作品是《窦娥冤》，取材于汉代流传下来的"东海孝妇"的民间故事。窦娥自幼丧母，因家贫被卖给蔡家做童养媳，但婚后不久丈夫就死了，婆媳相依为命。流氓张驴儿闯入这个家庭，胁迫窦娥婆媳嫁给他们父子为妻，遭到窦娥严词拒绝。张驴儿欲毒死蔡婆，结果反毒死了自己的父亲，便嫁祸给窦娥。昏聩的桃杌太守严刑逼供，将窦娥屈打成招，并将其处死。违法的人没有得到严惩，守法的人却送了性命。作品的锋芒直指腐朽的封建统治。

这正是关汉卿不屈从于现实命运的浩然正气的艺术写照。女主人公窦娥的悲剧命运，对封建统治是最具震撼力的反抗，也感动了一代代的读者。几百年来，这部戏剧一直受到人们的喜爱赞赏，被列为中国十大古典悲剧之一，并被译成多种文字，在全世界广泛传播。

关汉卿的作品是一个丰富多彩的艺术宝库，早在一百多年前，他的《窦娥冤》等作品已被译为英文、法文、德文、日文等，在世界各地广泛传播。1958年，关汉卿被世界和平理事会提名为"世界文化名人"。

学海拾贝

元朝蒙古族的统治者入主中原以后，社会形态发生了很大的变化。市民阶层对通俗文化的需求增强，因为科举制度的废除而入仕无门的下层知识分子的介入，以及戏剧自身的发展，促成了元杂剧在短时间走向繁荣。

← 关汉卿

中国古典文学的巅峰之作《红楼梦》

长篇小说《红楼梦》代表了中国古典小说的最高成就，它不但在中国家喻户晓，在世界文坛上也是举世公认的文学名著。作者曹雪芹为清代人，靠卖画和亲友的接济完成了"字字看来皆是血，十年辛苦不寻常"的《红楼梦》。

曹雪芹出生在一个显赫的百年望族。他的曾祖父、祖父、父亲都担任清王朝的重要职位。他的曾祖父曹玺曾得到康熙帝的宠信，被派到南方当江宁织造。他的祖父曹寅曾做过康熙帝的伴读，后又担任御前侍卫，是当时著名的藏书家。康熙帝6次到南方巡视，其中4次就住在曹寅家。

↑ 曹雪芹

◂《石头记》书影

曹玺死后，曹寅接替了江宁织造这个差事，并兼任两淮巡盐监察御史，很受重用。后来，曹雪芹的父辈曹颙、曹𬱖先后继任江宁织造。他们祖孙三代四人担任此职达六七十年之久。

曹雪芹自幼就是在这"秦淮风月"之地的"繁华"中长大的。雍正帝即位后，因为皇室内部的斗争，牵连到了曹家。雍正帝以曹府"行为不端"等罪名，革了他们的职，还查抄了他们的家产。江宁呆不下去了，十多岁的曹雪芹跟着家人回到了北京老家。曹家从此一蹶不振。

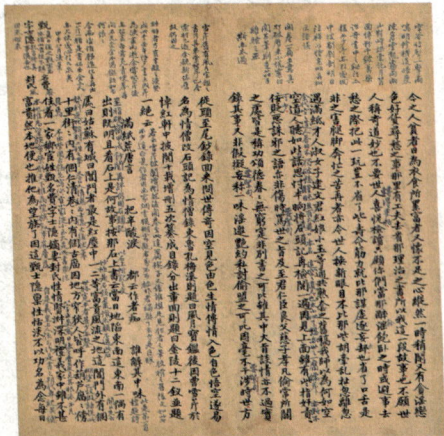

在北京的生活越来越穷困，家庭的灾难又接二连三发生。父亲去世后，生活更加艰难。曹雪芹成年后，在北京的西郊过着"举家食粥"的日子。经历这样的家族变迁，他决心根据自己的亲身体验写一部反映当时社会生活的小说，这就是《石头记》（即《红楼梦》）的创作背景。

↑《红楼梦》中的插图

曹雪芹能诗善画，嗜酒傲岸。在创作《石头记》的10年间，他的生活一贫如洗，靠卖画和朋友的接济过日子。就在《石头记》写到第八十回的时候，他的孩子不幸夭折，曹雪芹在极度悲伤和贫困中卧床不起，终因贫病无医"泪尽而逝"。乾隆帝四十九年甲辰（1784），就在曹雪芹去世二十多年后，《石头记》更名为《红楼梦》。由于《红楼梦》没有完成，当时，就有很多人顺着曹雪芹的思路续写，其中一个叫高鹗的人续写的后四十回比较好。他大体遵循了曹雪芹的创作风格，完成了《红楼梦》悲剧的主题。

1792年，有人把曹雪芹的前八十回与高鹗续写的后四十回合在一起出版了两次，从此《红楼梦》便在我国流行起来。《红楼梦》以贾宝玉、林黛玉这对青年男女的爱情悲剧为线索，写出了一个封建贵族大家族从兴盛到衰落，最后走向灭亡的变化过程。书中出现四百多个人物，其中大部分是被压迫的形象，曹雪芹对这些形象寄予了深切的同情，满怀气愤揭露了封建统治阶级的腐朽和罪恶。

今天，《红楼梦》已成为公认的中国古典文学的巅峰之作，是全人类的文化瑰宝。

学海拾贝

《红楼梦》的男主人公贾宝玉是贯穿全书始终的人物，他生长在贵族之家，但却憎恨封建传统思想，充满叛逆精神，对生活在下层的女性饱含同情。身世飘零的林黛玉是一个寄居在荣国府中的弱女子，才华横溢，多愁善感，与贾宝玉深深相爱，但最终却以悲剧告终。

附录 大事年表
Dashi Nianbiao

公元前 91 年	司马迁完成中国第一部纪传体通史《史记》。
约 11 世纪初	紫式部完成长篇小说《源氏物语》。
1321 年	伟大的诗人但丁完成《神曲》。
1605 年	塞万提斯的《堂吉诃德》上卷出版，10 年后下卷出版。
1588 年~1600 年	莎士比亚完成《亨利六世》《理查三世》等 9 部历史剧和《无事生非》《皆大欢喜》等多部喜剧。
1667 年	弥尔顿完成《失乐园》。
1719 年	笛福完成第一部小说《鲁滨孙漂流记》。
1720 年~1725 年	斯威夫特完成《格列佛游记》。
1734 年	伏尔泰在鲁昂出版《英国通讯录》。
1756 年~1762 年	卢梭先后完成《社会契约论》和《爱弥儿》等作品。
1774 年	歌德完成小说《少年维特之烦恼》。
1812 年~1857 年	格林兄弟出版《儿童与家庭童话集》(《格林童话》)。
1831 年	普希金创作历史小说《上尉的女儿》。
1834 年	雨果完成小说《巴黎圣母院》。
1835 年	安徒生出版第一部童话集《讲给孩子们听的童话》。
1835 年	果戈理完成五幕讽刺喜剧《钦差大臣》。
1836 年	缪塞完成自传性长篇小说《一个世纪的忏悔》。
1844 年~1845 年	大仲马完成小说《三个火枪手》和《基督山伯爵》。

1856 年　　　　　　福楼拜完成代表作《包法利夫人》。

1863 年　　　　　　凡尔纳的第一部科幻小说《气球上的星期五》出版。

1866 年　　　　　　陀思妥耶夫斯基的代表作《罪与罚》出版。

1876 年　　　　　　马克·吐温完成《汤姆·索亚历险记》。

1891 年　　　　　　哈代的长篇小说《德伯家的苔丝》出版。

1903 年　　　　　　杰克·伦敦发表了著名小说《野性的呼唤》。

1905 年~1907 年　　高尔基完成两部最重要的作品《母亲》和《仇敌》。

1913 年　　　　　　泰戈尔凭借诗歌集《吉檀迦利》获得诺贝尔文学奖。

1933 年　　　　　　奥斯特洛夫斯基完成长篇小说《钢铁是怎样炼成的》。

1940 年　　　　　　肖洛霍夫完成长篇小说《静静的顿河》。

1946 年　　　　　　海明威完成中篇小说《老人与海》。

1967 年　　　　　　马尔克斯的《百年孤独》出版。

1968 年 10 月 17 日　川端康成凭借《雪国》等三部作品获得诺贝尔文学奖。

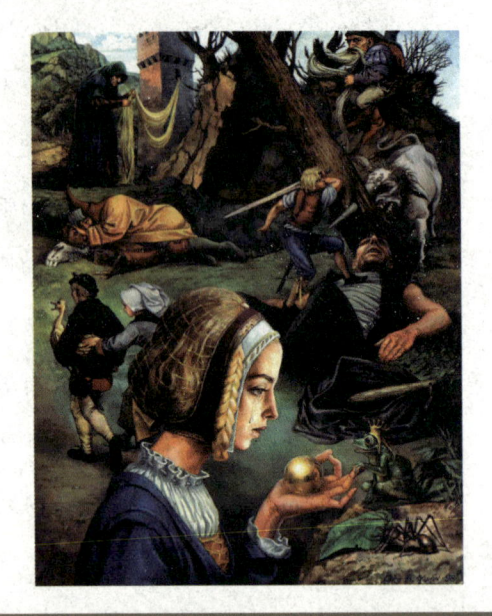

课里课外新阅读

荡涤心灵的 *Yuwen Gushi*

语文故事